ENTENDENDO O HAMAS E POR QUE ISSO É IMPORTANTE

AUTONOMIA
LITERÁRIA

Coordenação editorial
Cauê Seignemartin Ameni, Hugo Albuquerque, Manuela Beloni
Tradução: Aloe Rosa de Sousa
Revisão: Ligia Marinho
Edição: Amauri Gonzo
Capa e diagramação: Biana Fernandes
Prefácio: Breno Altman

Dados Internacionais de Catalogação na Publicação (CIP)
(eDOC BRASIL, Belo Horizonte/MG)

C653e Cobban, Helena.
Entendendo o Hamas e por que isso é importante / Helena Cobban, Rami G. Khouri; prefácio Breno Altman; tradução Aloe Rosa de Sousa. – São Paulo, SP: Autonomia Literária, 2025.
300 p. : 14 x 21 cm

Título original: Understanding Hamas: And Why That Matters
ISBN 978-65-5497-046-4

1. Hamas. 2. Palestinos – Política e governo. 3. Islamismo e política – Gaza, Faixa de. 4. Conflito Árabe-israelense. I. Khouri, Rami G. II. Altman, Breno. III. Sousa, Aloe Rosa de. IV. Título.
CDD 956.94

Elaborado por Maurício Amormino Júnior – CRB6/2422

Autonomia Literária
Rua Conselheiro Ramalho, 945
CEP: 01325-001 São Paulo – SP
autonomialiteraria.com.br

HELENA COBBAN & RAMI G. KHOURI

ENTENDENDO O HAMAS E POR QUE ISSO É IMPORTANTE

Autonomia Literária
2025

SUMÁRIO

PREFÁCIO

Por Breno Altman[1]

O Movimento de Resistência Islâmica, ou Harakat Al Muqawama al Islamia, batizado como Hamas, a principal organização palestina na Faixa de Gaza, merece ser conhecido mais amplamente, pelo peso que veio adquirindo na luta contra o colonialismo sionista.

A obra de Helena Cobban e Rami G. Khouri é enorme contribuição nesse sentido, ao iluminar a origem e a trajetória desse grupo de rara conformação, no qual se integram o fundamentalismo religioso, a assistência social, a luta política e a ação militar. Suas características específicas, aliás, provocam enorme confusão e preconceito, particularmente em quem foi educado pelos moldes do Iluminismo europeu.

Afinal, o Hamas é de esquerda ou de direita? Trata-se de uma organização anti-imperialista ou está a serviço da burguesia árabe-palestina? Tem um projeto de emancipação nacional ou representa uma alternativa de supremacia étnico-religiosa semelhante ao próprio regime sionista? Essas e outras são perguntas de extremo interesse, para as quais o leitor poderá encontrar respostas ou pistas nas páginas do livro que tem em mãos.

Antes de mais nada, o Hamas não pode ser compreendido fora do contexto histórico. Fundado a partir de uma costela palestina da Irmandade Muçulmana, dedicada à pregação religiosa e às obras de caridade, esse movimento nasceria imerso na intensa politização da juventude palestina nos anos 80 do século passado. Os jovens, então, viviam submetidos à ocupação militar israelense,

1 Breno Altman é jornalista e fundador do site Opera Mundi.

cada vez mais brutal, e a sentimentos de frustração com a antiga liderança agrupada na Organização pela Libertação da Palestina, a OLP, em sua maioria vivendo no exílio.

O espaço religioso, menos exposto à violência sionista naquela época, foi o reduto natural para que uma nova geração adotasse as trincheiras da libertação nacional., concentradamente na Faixa de Gaza, vizinha ao Egito, onde estava sediada a matriz islâmica da organização. As raízes fincadas entre as camadas mais sofridas trouxeram para o interior de mesquitas e santuários a vontade de combate que proliferava nas ruas.

Não é à toa que a fundação do Hamas coincide, no tempo, com o início da Primeira Intifada, em 1987, irrompida em Jabalia, a quatro quilômetros da cidade de Gaza, quando um caminhão do exército israelense colidiu com um carro civil, resultando na morte de quatro palestinos. Foram seis anos de duros enfrentamentos, durante os quais a nova organização ganharia músculos e projeção, movimentando-se pendularmente entre alianças e conflitos com os partidos integrantes da OLP.

Naquele período, se lermos os estatutos e o programa iniciais do movimento, notaremos forte predomínio de ideias religiosas, *jihadistas,* que pouco distinguiam, entre outros temas, a diferença entre judeus e sionistas. A luta de libertação assemelhava-se, nesses documentos, a uma guerra santa, entre povos e religiões, contrapondo-se à cultura laica e nacionalista dos dirigentes históricos da resistência, muitos sob forte influência marxista.

Com os Acordos de Oslo, de 1993, uma clara divisão se estabelece entre os grupos palestinos, induzindo aceleradamente a incursão do Hamas no reino da política. De um lado, correntes favoráveis ao pacto, reconhecendo a legitimidade de Israel, renunciando à luta armada e aceitando a constituição gradual do Estado Palestino em apenas 21% do território delineado em 1947. De outro, coletivos que repudiavam esse caminho, entre os quais grupos internos da OLP que iriam se aliar ao Hamas na *frente da rejeição.*

A experiência de coalizões com agrupamentos laicos e marxistas teria relevância durante os anos 1990, permitindo ao partido islâmico amadurecer posições e definir melhor a relação entre política e religião, em boa medida caminhando para uma secularização prática, embora banhada pela narrativa muçulmana. A Segunda Intifada, de 2000 a 2005, seria a vitrine dessa nova etapa do Hamas.

A essa altura, o Hamas já operava com três braços relativamente autônomos: um para a execução de serviços sociais, outro para a luta político-eleitoral e um terceiro para o confronto militar. Ao vencer as eleições parlamentares de 2006 e passar a comandar o governo da Autoridade Palestina, com Ismail Haniyeh exercendo a função de primeiro-ministro, o movimento renovava sua identidade, afirmando-se como uma referência anticolonial para além da religião.

De curta duração, pois seria deposto em 2007 pelo presidente Mahmoud Abbas, o gabinete Haniyeh chegou mesmo a apresentar, embora com ressalvas, um pacto de transição pacífica, mas acelerada, nos termos fixadas em Oslo, tendo como objetivo imediato o pleno estabelecimento de um Estado Palestino. A pressão israelense e estadunidense, à qual sucumbiria a Autoridade Palestina, não aceitava, sob qualquer hipótese, que as forças mais radicais da resistência pudessem governar.

Fora do governo, o Hamas expulsaria da Faixa de Gaza os seguidores do Fatah, partido hegemônico da Autoridade Palestina, e assumiria a direção integral do enclave. Imediatamente o regime sionista estabeleceria um cerco por terra, mar e ar, contra o qual se confrontaria por mais de quinze anos, acumulando forças para a abertura da Terceira Intifada, em 7 de outubro de 2023.

A partir desse momento o Hamas se tornaria o principal protagonista da luta palestina, em uma batalha heroica que custou mais de 50 mil vidas, mas colocando o Estado de Israel contra as cordas e impulsionando a solidariedade com a causa palestina ao seu maior patamar histórico.

Quase quatro décadas depois de sua fundação, a organização islâmica está claramente reconfigurada. Claro que permanece longe de se integrar à família marxista ou socialista, preservando valores e políticas fortemente contestáveis pela esquerda. Tampouco se pode duvidar, no entanto, que o Hamas se afirmou como um dos movimentos anti-imperialistas e anticoloniais mais combativos de nossa época.

Por essas e outras razões, *Entendendo o Hamas* é um livro precioso, indispensável.

INTRODUÇÃO

Já há muitos anos, e especialmente desde 7 de outubro de 2023, os líderes de Israel e seus apoiadores em todo o mundo têm travado uma frequente e dura campanha com o objetivo de demonizar o Movimento de Resistência Islâmica Palestina, o Hamas, como parte de seu esforço para ganhar amplo apoio internacional para seu impulso de destruir o movimento.

Essa demonização traz ecos de como gerações anteriores de israelenses tentaram por décadas descreditar a (mais secular) Organização pela Libertação da Palestina, a OLP – embora em 1993, o primeiro-ministro israelense Yitzhak Rabin tenha concluído um acordo histórico com a OLP, mediado pela Noruega, que deu para parte dos palestinos uma medida de autogoverno em alguns dos territórios que Israel ocupou em 1967. (Isso deveria finalmente levar a uma independência política, o que nunca aconteceu.) A demonização do Hamas por Israel também lembrou de como vários líderes europeus e estadunidenses anteriormente tentaram criticar e excluir movimentos em todo o Sul Global, como no Vietnã, na Argélia ou no Quênia, que lutaram para se livrar do domínio colonial e conquistar a independência nacional.

Tais esforços de demonização impedem a diplomacia e mantêm as populações que sofrem com o domínio colonial ou a ocupação militar presas por décadas em conflitos devastadores nas mãos de seus opressores muito mais violentos e fortemente armados. Este certamente também tem sido o caso na Palestina, como testemunhamos diariamente.

Essas campanhas de demonização sempre se apoiam em achatar ou elidir a substancial e relevante história política dos movimentos de libertação nacional. No Vietnã, as pessoas que resistiram aos militares dos Estados Unidos foram amplamente descartadas como "*gooks*".[2] No Quênia, os militares britânicos classificaram os organizadores do "Mau Mau" Land and Freedom Party (Partido "Mau Mau" por Terra e Liberdade) como arautos violentos e primitivos do puro mal...

Em tempos mais recentes, governos israelenses, estadunidenses e muitos governos europeus descreveram a maioria dos movimentos que resistem a seus ditames como "terroristas" e aumentaram o medo das pessoas ao descrever quem segue resistindo em terras muçulmanas como "terroristas jihadistas".

Em 7 de outubro de 2023, o Hamas e seus aliados de Gaza lançaram um ataque multifacetado e tecnicamente ousado para romper o estreito cerco israelense que havia sufocado o território e seu povo por décadas. Eles invadiram vários postos de comando militar israelenses permanentes ao redor de Gaza; capturaram muitos militares importantes que trabalhavam nesses postos de comando, junto com muitos civis; e desferiram um golpe violento no antigo "conceito" de segurança nacional de Israel, do qual a liderança do país ainda não se recuperou.

As forças lideradas pelo Hamas e outros palestinos que atravessaram a barreira de Gaza, agora rompida, também atacaram *kibbutzim*[3] e outros alvos civis em Israel e, de acordo com uma comissão de inquérito da ONU, mataram deliberadamente muitos civis. Não surpreendentemente, enquanto os líderes de Israel se esforçavam para reagir a esse golpe, eles também orquestraram amplas "campanhas de informação" construídas em torno de dois elementos: amplificar as acusações (algumas ou muitas

---

[2] "Gook" é um termo pejorativo estadunidense usado para se referir a pessoas do leste e sudeste asiático (N.T.).

[3] "Kibutzzim", plural de "Kibbutz", comunidade israelense "socialista" tradicionalmente baseada em agricultura. (N.T.)

das quais mais tarde se provaram infundadas) de que o Hamas e seus aliados cometeram vários tipos de atrocidades grosseiras durante a fuga; e uma campanha para esconder o grau em que o exército israelense havia prejudicado significativamente civis israelenses em suas batalhas ferozes e frequentemente caóticas para retomar o controle das áreas ao redor de Gaza.[4]

No Conselho de Segurança da ONU e em todo o mundo, os israelenses e seus aliados pediram em voz alta a todos os partidos para "condenar o Hamas" – para encerrar qualquer consideração mais profunda sobre como a opressão de décadas de Israel sobre a maioria árabe nativa da Palestina levou aos eventos de 7 de outubro, ou sobre como qualquer diplomacia bem-sucedida para resolver o conflito Palestina-Israel deve necessariamente envolver a inclusão de todas as principais correntes políticas palestinas, em vez de continuar o esforço de décadas para demonizar e excluir o Hamas e seu papel significativo na política nacional.

***

Na primavera de 2024, o conselho da Just World Educational (Educação para um Mundo Justo) decidiu desafiar de frente a relutância de tantos estadunidenses – incluindo muitos grupos supostamente pró-palestinos – que hesitavam até mesmo em começar a discutir o Hamas. Nós construímos, com base na experiência que adquirimos ao lançar campanhas de educação pública investigativas sobre outras questões globais cruciais,[5]

[4] Veja o relatório investigativo de Yaniv Kubovich "IDF que ordenou a diretiva de Hannibal em 7 de outubro para impedir que o Hamas faça soldados prisioneiros", *Haaretz*, 7 de julho de 2024, para detalhes do que aconteceu.

[5] A JWE preservou os registros de todas as nossas principais campanhas educacionais para uso contínuo pelo público anglófono. Eles podem ser acessados em justworldeducational.org/resources/ e lá são apresentados gratuitamente sob licença Creative Commons.

organizamos e apresentamos uma nova campanha intitulada "Entendendo o Hamas e por que isso é importante". Sua primeira fase compreendeu conversas baseadas em webinários que nós dois conduzimos com cinco especialistas acadêmicos independentes profundamente respeitados sobre a história e o desenvolvimento do Hamas, que apresentamos a um público global em maio de 2024.

O grupo de cinco especialistas, cujo imenso conhecimento em primeira mão do Hamas definiu nosso projeto, incluía três acadêmicos palestinos agora residentes fora da Palestina e dois especialistas europeus que passaram anos em Gaza, Jerusalém e na Cisjordânia durante os anos iniciais e posteriores do Hamas. Todos os cinco pesquisaram profundamente o movimento Hamas, inclusive entrevistando seus ativistas e líderes em muitos níveis.

Esses especialistas foram:

Dra. Paola Caridi, palestrante da Universidade de Palermo, e anteriormente jornalista que reportou do Cairo, 2001-2003, e Jerusalém, 2003-2012. O segundo dos três livros da Dra. Caridi foi *Hamas: From Resistance to Government* [Hamas: da resistência ao governo], que apareceu em italiano em 2009, e em inglês em 2012. (Uma versão atualizada foi lançada em 10 de outubro de 2023.)

Dr. Khaled Hroub, pesquisador sênior do Centro de Estudos Islâmicos da Universidade de Cambridge e professor de estudos do Oriente Médio na Universidade Northwestern no Catar. Os vários livros de Hroub incluem *Hamas: Political Thought and Practice* [Hamas: pensamento político e prática] e *Hamas: A Beginner's Guide* [Hamas: um guia para iniciantes].

Dr. Jeroen Gunning, professor de Política do Oriente Médio e Estudos de Conflitos no King's College em Londres, e professor visitante na Universidade de Aarhus e na London School of Economics. Gunning é um dos fundadores do campo de estudos críticos sobre terrorismo e ensinou e aconselhou formuladores de políticas e inúmeras organizações da sociedade civil.

Mouin Rabbani, coeditor do e-zine *Jadaliyya* (Dialeto, em árabe), editor-chefe do *Journal of Peacebuilding and Development* (Jornal para a Construção da Paz e Desenvolvimento e editor colaborador do Middle East Report (Relatório do Oriente Médio). Entre outros cargos anteriores, Rabbani atuou como analista sênior do Oriente Médio e conselheiro especial sobre Israel-Palestina no International Crisis Group (Grupo Internacional de Crise).

Dr. Azzam Tamimi, acadêmico e pensador político britânico-palestino-jordaniano que chefiou o Institute of Islamic Political Thought (Instituto de Pensamento Político Islâmico) até 2008. Tamimi escreveu vários livros sobre política islâmica e do Oriente Médio, incluindo *Power-Sharing Islam?* [Dividindo o poder do Islã?], *Islam and Secularism in the Middle East* [Islã e o Secularismo no Oriente Médio] e *Hamas: A History from Within* [Hamas: por dentro da História].

Durante a última de nossas conversas públicas, a com o Dr. Azzam Tamimi, tivemos o prazer de receber a companhia de três dos nossos colegas do conselho do Just World Ed: Nora Barrows-Friedman, uma experiente jornalista de rádio e autora e editora de equipe da Electronic Intifada (Intifada Eletrônica); Dra. Gwendolyn Zoharah Simmons, uma veterana lutadora pelos direitos civis e políticos em todo o mundo e professora emérita de Religiões Afro-Americanas e Estudos Islâmicos na Universidade da Flórida; e Rick Sterling, escritor e ativista que é presidente do conselho do Mount Diablo Peace & Justice Center (Centro de Paz

& Justiça de Mount Diablo) da Califórnia. (Encontre biografias mais completas de todos os membros do conselho da Just World Ed, incluindo nós dois, em justworldeducational.org/about/.)

***

Durante nossas conversas públicas, exploramos muitos aspectos da história e prática do Hamas que são pouco conhecidos pelo público em geral na América do Norte e Europa Ocidental, e pouco (se é que são) compreendidos por seus líderes políticos. Estes incluem:

- As origens do Hamas dentro de um movimento islâmico palestino, o capítulo palestino do movimento regional da Irmandade Muçulmana, que antes era politicamente silencioso, focando em questões sociais e religiosas em vez de engajamento político.
- Os fatores que em 1987 levaram os fundadores do Hamas a começar a buscar um ativismo político-nacional sério e a fundar formalmente este movimento, enquanto também permanecia profundamente engajado em muitos projetos de caridade e serviço comunitário de longa data em toda a Palestina.
- A ampla distribuição geográfica das redes do Hamas, que abrangem Gaza, a Cisjordânia ocupada por Israel e todas as outras partes da Ásia Ocidental (o "Oriente Médio") onde grandes concentrações de refugiados palestinos vivem e trabalham.
- O equilíbrio entre as alas políticas e de resistência militar dentro do Hamas, e como em diferentes momentos decisões foram tomadas (e seguidas) para lançar ou terminar com formas particulares de atividade militante.
- A evolução do pensamento político do Hamas, de visões que em 1987-1988 ainda mantinham uma forte ênfase na

piedade e apresentavam tendências antijudaicas marcantes, para visões que foram expressas e endossadas em 2017 que eram muito mais evidentemente nacional-políticas e se esforçaram para distanciar o movimento do antissemitismo e para traçar uma distinção clara entre o judaísmo como religião e o sionismo como um projeto político-colonial.

- Continuidades e descontinuidades entre o programa e o caminho de ação do Hamas ao longo dos anos e aqueles que os líderes da OLP haviam tomado anteriormente; e o curso complexo, às vezes tenso, mas nunca "binário", das relações entre essas vertentes do movimento nacional palestino.
- A prática do Hamas de manter alianças com outros no movimento palestino que não compartilham suas posições fortemente islâmicas, mas que compartilham suas prioridades de libertação e resistência dentro da arena política nacionalista.
- O forte foco dentro do corpo político palestino na necessidade de libertar os milhares de palestinos, incluindo dezenas de líderes políticos respeitados, que foram mantidos em prisões israelenses; e ligado a isso, o papel profundamente respeitado que líderes e ativistas palestinos presos têm dentro da política nacionalista palestina.
- Os relacionamentos que o Hamas buscou com outros atores estatais e não estatais na Ásia Ocidental, incluindo membros de o "Eixo da Resistência", que inclui o Irã, o Hezbollah no Líbano, os Ansar Allah (Houthis) no Iêmen e outros na Síria e no Iraque.
- O apoio do Hamas aos direitos e ao empoderamento das mulheres; suas visões sobre o lugar das mulheres na sociedade; e suas visões e práticas sobre outras questões sociais.
- O legado do Hamas na participação de eleições na Palestina – no nível dos OPTs em 2006, e em muitas outras disputas locais/setoriais em outras épocas; e o amplo

grau de apoio político que o movimento e seus líderes continuaram a desfrutar na Faixa de Gaza e também na Cisjordânia (incluindo Jerusalém Oriental).

- As políticas que o Hamas e seus líderes adotaram para integrar seu movimento à estrutura mais ampla da OLP.
- Se e em quais circunstâncias o Hamas busca a "destruição de Israel"; ou, inversamente, se e sob quais circunstâncias ele poderia estar aberto a apoiar (ou possivelmente até mesmo participar) do tipo de negociações que a comunidade internacional tem exigido desde 1967, que poderia resultar em dois estados vivendo lado a lado dentro da área do Mandato Britânico da Palestina – um, o Estado de Israel, de maioria judaica, e o outro, um estado árabe palestino.

Esperamos ter despertado seu interesse e motivado você a ler o restante deste livro para obter uma compreensão mais rica, mais historicamente baseada e multidimensional deste importante movimento na vida pública palestina do que aquela tão amplamente propagada pela mídia corporativa nos países ocidentais.

***

Como indicamos acima, o formato inicial deste projeto "Entendendo o Hamas" foi planejado para ser um "Centro de Aprendizagem Online" semelhante aos que a Just World Educational havia apresentado anteriormente em nosso site, sobre outras questões. Assim, conforme concluímos cada uma de nossas cinco Conversas Públicas sobre o Hamas em maio de 2024, apresentamos os registros multimídia (vídeo, áudio, transcrição rápida) no Centro de Aprendizagem Online para este projeto, juntamente com alguns outros materiais de apoio;[6] e ficamos muito satisfeitos em ver os

[6] O Centro de Aprendizagem Online deste projeto pode ser acessado por meio deste link: bit.ly/UH-Resource-Page.

números de visualização que esses recursos online alcançaram rapidamente. Várias das pessoas que leram as transcrições no site comentaram que, mesmo nas versões pouco editadas em que apareceram lá, elas as acharam envolventes, informativas e valiosas. Foi isso que nos persuadiu a produzir uma versão um pouco mais bem editada das transcrições e reuni-las neste livro. Cortamos algumas das partes "organizacionais/de arrecadação de fundos" das transcrições anteriores, mas tentamos manter praticamente intactas a substância e o "fluxo" das conversas muito ricas que tivemos com nossos especialistas convidados. Então, no final deste livro, anexamos alguns textos-chave do e sobre o Hamas, um Glossário de Termos Políticos, uma breve bibliografia e outros materiais. Esperamos que eles (a) tornem o livro acessível para uma ampla gama de leitores, incluindo não especialistas, e (b) forneçam os primeiros sinais para pesquisas futuras para aqueles interessados em prosseguir com isso. Vemos este livro sendo sinérgico com o Centro de Aprendizagem Online, e esperamos que diferentes públicos ou indivíduos possam preferir aprender com um deles, ou com o outro – ou talvez com diferentes partes de cada um deles.

A necessidade de entender o Hamas e persuadir nossos governos a se envolverem com o movimento politicamente, em vez de puramente através de uma ótica militar ou "antiterrorismo", continua urgente. Nós e nossos colegas do conselho da Just World Educational queremos ver um rápido e sustentável fim para o dano de nível genocida que Israel e seus apoiadores têm infligido aos palestinos de Gaza e aos outros crimes de guerra e atrocidades que Israel infligiu aos palestinos na Cisjordânia e em outros lugares. Em nossa opinião, isso exige que governos e públicos em todo o mundo acabem com a demonização do Hamas e seus aliados e forneçam apoio real para acabar não apenas com o genocídio e outras atrocidades, mas também, além disso, para acabar com toda a ocupação militar de 57 anos de Israel na Cisjordânia e Gaza. Se nós no Ocidente "gostamos" de todas as políticas e posicionamentos defendidos pelo Hamas ou não, isso não vem ao caso. O importante é que respeitemos o direito do povo palestino de estar livre de ocupação militar, de determinar seu próprio futuro e de ser capaz de construir suas próprias instituições de governança nacional em paz e segurança, e da maneira que escolherem. Se isso acontecer em breve, então o Movimento de Resistência Islâmica, Hamas, será inegavelmente uma parte fundamental desse projeto.

Esperamos que, ao ler os capítulos a seguir, você concorde conosco que os especialistas cujas opiniões nos envolvemos aqui têm um grau de compreensão, de habilidades analíticas e sabedoria política/diplomática que vale a pena ouvir e compartilhar. Somos profundamente gratos a essas cinco pessoas atenciosas por compartilharem sua *expertise* conosco: este projeto nunca poderia ter tido sucesso sem as contribuições delas! Estamos confiantes de que a edição muito leve que fizemos nas transcrições das sessões não mudou o cerne do que esses especialistas estavam dizendo; mas se houve alguma deturpação das opiniões deles, pedimos desculpas e assumimos a responsabilidade por isso.

Gostaríamos também de sublinhar um ponto que mencionamos várias vezes ao longo dos nossos webinários: o objetivo central deste projeto não foi construir apoio ou oposição ao Hamas; mas sim aumentar o conhecimento baseado em fatos sobre o movimento que está disponível para os cidadãos em todo o mundo anglófono.

– Helena Cobban and Rami G. Khouri
26 de julho de 2024

LINHA DO TEMPO: PONTOS-CHAVE NA HISTÓRIA DO HAMAS

- Final de 1987: no início da Primeira Intifada Palestina (revolta) contra a ocupação israelense da Cisjordânia e Gaza, o Hamas nasceu do ramo palestino da organização regional da Irmandade Muçulmana.
- Agosto de 1988: o Hamas emitiu sua primeira "Carta". Ela salientou a orientação religiosa da organização; declarou que a "usurpação pelos judeus" da terra da Palestina descendia diretamente dos Reinos Cruzados dos séculos XI-XIII EC e era bastante antissemita. (Veja trechos no Apêndice 1.)
- Setembro de 1993: a Organização para a Libertação da Palestina (OLP), dominada pelo partido "Fatah" de Yasser Arafat, assinou os Acordos de Oslo com Israel, que criaram a "Autoridade Palestina" (AP). Sob Oslo, Israel e a OLP concordaram em terminar as negociações em meados de 1999 para o estabelecimento de um estado palestino independente nos Territórios Palestinos Ocupados (OPTs, sigla em inglês). O Hamas se opôs a todo o processo de Oslo.
- Fevereiro de 1994: o colono israelense nascido nos Estados Unidos Baruch Goldstein entrou em um ataque armado na mesquita Ibrahimi de Hebron, matando 29 fiéis. Em resposta, o Hamas começou a enviar homens-bomba contra alvos civis em Israel. Israel reprimiu o Hamas com a ajuda do Fateh.
- 2000: ficou claro que a promessa de Oslo de um Estado palestino independente havia falhado, e desde 1994 Israel

havia tomado muito mais terras na Cisjordânia. Em setembro de 2000, o Hamas e aliados, incluindo algumas redes de base do Fatah, lançaram a Segunda Intifada. Foi mais violenta do que a Primeira Intifada, e, como o primeiro-ministro israelense Ariel Sharon respondeu muito duramente, o Hamas e outros participantes realizaram alguns atentados suicidas contra civis israelenses.

- 2005: Sharon retirou colonos e soldados israelenses do interior da Faixa de Gaza, mas manteve controle rígido de todas as fronteiras terrestres e marítimas de Gaza, mantendo assim para Israel o papel de "potência ocupante" sob o direito internacional. Ele, os Estados Unidos e o Fatah concordaram em realizar novas eleições para o parlamento da AP nos TPOs em janeiro de 2006 e acolheram a decisão do Hamas de participar.
- Janeiro de 2006: o Hamas venceu as eleições parlamentares da AP. Israel, Fatah e os Estados Unidos ficaram horrorizados e iniciaram planos para derrubar o recém-eleito primeiro-ministro da AP, Ismail Haniyeh.
- 2007: a polícia de segurança do Hamas antecipou a tentativa de golpe em Gaza. O Hamas manteve o controle da vida civil em Gaza, enquanto Fatah/AP manteve o controle da Cisjordânia. Politicamente, houve inúmeras tentativas do Fatah e do Hamas de remendar sua divisão, mas até julho de 2024 nenhuma teve sucesso.
- 2007: o exército israelense impôs um cerco muito forte a Gaza com apoio dos Estados Unidos e do Egito, limitando rigorosamente o acesso de Gaza às necessidades básicas, incluindo comida, água e eletricidade. Eles pontuaram o cerco com ataques periódicos e duros à Faixa de Gaza que os líderes israelenses frequentemente apelidaram de "cortar a grama".

- Maio de 2017: os líderes do Hamas adotaram uma nova Carta revisada. As principais mudanças em relação à versão de 1988 incluíram: remover toda a linguagem antissemita, colocar mais foco em questões políticas palestinas em vez de questões religiosas, abrir levemente a porta para aceitar a solução dos dois Estados e enfatizar que o Hamas agora havia se separado da Irmandade Muçulmana.
- Março de 2018: grupos da sociedade civil palestina lançaram uma campanha de ação não violenta chamada Grande Marcha do Retorno. Toda sexta-feira após as orações muçulmanas, grandes multidões marchavam juntas para a Linha do Armistício de 1949 com Israel, buscando (quase totalmente pacíficas) exercer o Direito de Retorno às propriedades de suas famílias que a ONU há muito tempo lhes prometia. Unidades militares israelenses ao redor da Linha do Armistício atiraram neles, matando 223 pessoas.
- 7 de outubro de 2023: o Hamas lançou a Operação Inundação de Al-Aqsa.

CAPÍTULO 1
CONVERSA COM DRA. PAOLA CARIDI

Helena Cobban:

Olá a todos. *Ahlan wa sahlan, bonjour, bonsoir, dobriy vecher, shalom, buenos días,* é bom ter todos vocês conosco para esta importante iniciativa. Eu sou Helena Cobban. Sou a presidente da Just World Educational, uma pequena, mas agressiva organização educacional sem fins lucrativos, e estou falando com vocês de Washington D.C., nas terras tradicionais dos Piscataways.

Por várias décadas, o Hamas tem sido submetido a difamação constante pelas principais mídias corporativas aqui nos Estados Unidos e no mundo anglófono e ocidental de forma mais ampla; e em pontos importantes essa difamação impediu diplomatas de buscar iniciativas que poderiam, mesmo muitos anos atrás, ter servido para levar radicalmente o conflito histórico da Palestina a um acordo de paz total e final baseado no direito internacional e em toda a gama de direitos que o direito internacional determina...

Tantas dezenas de milhares de vidas poderiam ter sido salvas se isso tivesse acontecido! Claro, como sabemos, não aconteceu. E desde 7 de outubro [de 2023], a difamação ao Hamas aumentou cem vezes mais, assim como a matança, a morte e a destruição. No entanto, o público no mundo ocidental ainda sabe incrivelmente pouco sobre essa organização.

Esta é a lacuna que nosso projeto busca preencher. Estou muito feliz que um dos membros do conselho da Just World Ed, Rami G. Khouri, tenha trabalhado em estreita colaboração comigo para organizar este projeto, e a parte principal do programa de hoje será uma conversa que Rami conduzirá com nossa primeira especialista convidada, Dra. Paola Caridi. Antes de apresentar Rami e Dra. Paola a vocês mais adequadamente, quero lançar a todos os participantes do webinário o primeiro de três pequenos questionários rápidos que criamos, que nos ajudarão a entender o nível de conhecimento com que vocês entram neste projeto. Todas as três pesquisas são completamente anônimas... Então, nossa primeira pergunta é: "Qual é a sigla do nome Hamas em inglês?"

Aqui estão as opções:

- Jihad Islâmica
- Movimento Islâmico Palestino
- Movimento de Resistência Islâmica
- Não é uma sigla

... Na verdade, as duas últimas respostas eram meio que verdadeiras. A palavra "Hamas" é um acrônimo para Movimento de Resistência Islâmica, Harakat al-Muqawama al-Islamiya, e também é uma palavra em si mesma que significa "entusiasmo" ou "zelo". Alguém disse que é como "fanático", mas acho que não é bem assim.

Agora vamos para a Enquete nº 2. "Em que ano o Hamas foi fundado?". As opções aqui são: 1947, 1967, 1987, 2007 ou "Não sei".... Então, 58 pessoas responderam e 64% de vocês acertaram. O Hamas foi fundado em 1987. (Obrigado aos 14% que disseram "Não Sei", porque saber disso também é importante para nós.)

Agora, temos um teste que não tem uma resposta certa, e você está convidado a me dar sua melhor e mais honesta resposta com a garantia de que é anônimo. Então, a questão é "A política do meu governo em relação ao Hamas deveria ser..." e aqui estão as opções:

A. Apoiar energicamente todos os esforços para destruí-lo
B. Continuar procurando por OUTROS interlocutores palestinos e ao mesmo tempo excluir energeticamente o Hamas

C. Permitir cuidadosamente negociações de terceiros com o Hamas, mas apenas para obter a libertação dos reféns israelenses
D. Acolher e apoiar quaisquer esforços palestinos para unificar o seu movimento nacional
E. Reconhecer o Hamas como um movimento legítimo de resistência antiocupação e um representante do povo da Faixa de Gaza
F. Não tenho certeza, mas estou ansioso para aprender mais sobre o Hamas e sobre opções para lidar com ele de forma construtiva

Obrigado a todos por considerarem cuidadosamente as opções.[7] Os participantes deste projeto não são representantes de nada exceto de si mesmos, mas é bom ver quais são suas atitudes.

Agora, estou feliz em trazer Rami G. Khouri, um dos nossos novos membros do conselho da Just World Ed. Rami é cristão palestino de Nazaré e notável escritor e autor, um analista que escreve sobre a Questão Palestina desde 1968. Ele é cidadão da Jordânia e dos Estados Unidos. Atualmente, escreve colunas para a Al-Jazeera e atua como bolsista de Políticas Públicas no Instituto Issam Fares na Universidade Americana de Beirute. É bom ter você trabalhando ali para nós, Rami!

Nossa primeira especialista convidada é a Dra. Paola Caridi, que está conosco, de Roma, Itália. Ela é historiadora e jornalista, além de professora na Universidade de Palermo. A Dra. Caridi é membro fundadora e presidente da agência de notícias Lettera22. Ela foi correspondente deles no Cairo, de 2001 a 2003, e correspondente em Jerusalém, de 2003 a 2012. Durante seu período em

---

[7] As respostas para esta questão de múltipla escolha foram alinhadas da seguinte forma: A: 0. B: 2. C: 1. D: 25. E: 29. F: 18.

Jerusalém, ela conseguiu cobrir de perto as muitas e importantes mudanças pelas quais o Hamas passou naqueles anos.

O segundo dos três livros publicados pela Dra. Paola foi *Hamas: From Resistance to Government* [Hamas: da resistência ao governo], que foi publicado pela primeira vez em italiano em 2009, e depois em inglês em 2012. Uma versão atualizada do livro foi lançada, em inglês, em 10 de outubro passado. Como editora eu digo que foi em um momento interessante! Você pode encontrá-lo em qualquer lugar que venda bons livros. Então agora, sem mais delongas, deixe-me passar a palavra para Rami...

Rami G. Khouri:

Obrigado, Helena. Obrigado a toda a nossa audiência por estar conosco. E um grande obrigado e um grande abraço à Dra. Paola Caridi por ser nossa primeira convidada nesta nova série que estamos fazendo, "Entendendo o Hamas e por que isso importa". Este é obviamente um tópico oportuno e importante, que está encharcado de oposição ideológica e análise muito instrumentalizada pela maioria das pessoas ao redor do mundo, que apenas veem o Hamas como um grupo terrorista, enquanto outras pessoas na região e ao redor do mundo veem o Hamas como parte de um nobre movimento de resistência, que é parte de toda a luta anticolonial global que ainda está acontecendo.

Nós criamos esta série para trazer os melhores acadêmicos que conhecem o Hamas, pessoalmente ou que o estudaram, para apresentarem suas análises. Então, Dra. Paola, muito obrigado por estar conosco.

Dra. Paola Caridi:

Obrigada pelo convite.

Rami G. Khouri:

Você morou em Jerusalém por alguns anos, por volta de 2003 a 2013, e você morou no mundo árabe. Então, seguiu esse processo, essa questão, esse movimento. Você conheceu alguns de seus líderes e membros, então sabe disso em primeira mão. E você estava em Jerusalém quando houve alguns atentados suicidas do Hamas e de outras pessoas também. Você sentiu o que muitas pessoas sentiram quando interagem com o Hamas de diferentes maneiras.

Minha primeira pergunta é: como devemos entender o Hamas? Ele tem muitas dimensões, sobre as quais você pode nos contar. Mas qual é a maneira mais importante de entender o que é o Hamas e por que ele importa?

Dra. Paola Caridi:

Esta é uma pergunta muito, muito difícil, Rami. O Hamas é um movimento político com uma estrutura às vezes muito rígida que usou diferentes ferramentas, políticas, luta armada e até terrorismo. Não temos que ter medo das palavras. Ataques suicidas contra civis são terrorismo. Mas, da mesma maneira, não podemos evitar a dimensão política do movimento que começou alguns anos antes de 1987, quando houve a reunião em Gaza que pavimentou o caminho para o movimento. E é importante sublinhar por que existem anos de pensamento a respeito da ala política da Irmandade Muçulmana, da Irmandade Muçulmana Palestina, que é o Hamas.

Tudo começou em 1982, por causa de Beirute, por causa da operação israelense Paz para a Galileia e a expulsão da OLP de Beirute. A ideia de que a OLP falhou foi uma das coisas que pavimentaram o caminho para um movimento político islâmico nascido da Irmandade Muçulmana. Depois disso, houve diferentes capítulos na vida do Hamas. Houve um capítulo inicial que começou com a Primeira Intifada. Houve um segundo após o massacre da Mesquita Ibrahimi feito por Baruch Goldstein, um colono israelense em al-Khalil, Hebron, que foi quando o movimento decidiu usar – e foi o movimento político que decidiu usar – a luta armada e ferramentas de terror como ataques suicidas.

E então, em 2005, houve o capítulo mais importante do ponto de vista político e que foi uma suspensão dos ataques suicidas e a ideia de participar das eleições da Autoridade Palestina para o parlamento da Autoridade Palestina. Essa foi uma grande mudança porque, de certa forma, reconheceu a AP através das eleições parlamentares, e ninguém na comunidade internacional impediu essa ideia. Israel, os Estados Unidos, a comunidade internacional, a União Europeia e os Estados árabes, incluindo o Egito, pavimentaram o caminho para as eleições em que o Hamas tinha uma lista de candidatos, e pavimentaram o caminho para o sucesso do Hamas no nível político. Então houve 2007, o golpe.[8]

Mas o mais importante é que, desde o início até agora, a estrutura do Hamas é extremamente relevante: quatro constituintes, ativismo amplo, com membros na Cisjordânia, em Gaza, no exterior (nos campos de refugiados) e uma estrutura organizacional muito forte.

Rami G. Khouri:

Obrigado. Então, pelo que você nos contou, o Hamas evoluiu e mudou ao longo do tempo. Tenho duas perguntas relacionadas a isso. O que faz o Hamas mudar? É pragmatismo político? É desespero? É oportunismo? Como essas decisões são tomadas entre esses diferentes grupos eleitorais que você mencionou? E a segunda pergunta relacionada a isso é, para pessoas interessadas em acompanhar os eventos palestinos, e o Hamas em particular,

---

8 Para uma boa reportagem sobre o "golpe" anti-Hamas de 2007, veja o artigo de David Rose listado na bibliografia.

como elas devem encontrar *insights* ou informações confiáveis sobre o Hamas? Elas devem ler as declarações do movimento à imprensa? Devem ler os jornais dele? Ouvir entrevistas com seus líderes? Onde estão as fontes críticas que você recomenda que as pessoas sigam para ficarem atualizadas com precisão sobre o pensamento do Hamas?

Dra. Paola Caridi:

De certa forma, direi que o movimento tem muito pragmatismo, dentro de uma estrutura organizacional e um processo decisório muito rígidos. Se eu tivesse que sugerir fontes, sugeriria entrevistas com seus líderes e declarações à imprensa, declarações escritas.

Se eles dizem que farão algo, eles fazem. E essa também é a rigidez do Hamas. Por quê? Porque os eleitores votam para ter parte no processo de decisão. O que isso significa? Quando eles decidiram parar os ataques suicidas em 2005, houve uma espécie de votação entre os eleitores. Vou sublinhar os eleitores porque eles são muito importantes: na Cisjordânia, em Gaza, no exterior, que são tanto a liderança quanto os ativistas nos campos de refugiados — e nas prisões. Prisões, especialmente as prisões israelenses, onde os ativistas, ativistas do Hamas, continuam a se envolver no processo decisório e continuam a se envolver politicamente.

O que isso significa? Significa que, por exemplo, em 2005 e 2007, o eleitorado prisional foi extremamente importante. Primeiro, na participação nas eleições da AP, e segundo, na busca pela unidade entre as facções.

Tive muita sorte de ter permissão para entrar em uma prisão israelense e conhecer alguns dos ativistas do Fatah, da Frente Popular, da Jihad Islâmica e do Hamas. Eles me mostraram o rascunho do Documento do Prisioneiro, e eu não sabia naquele momento que esse rascunho seria tão relevante na história da política palestina. Então, quero dizer, é assim que o movimento está agindo na estrutura, que mostra tanto a rigidez quanto o pragmatismo do movimento — quando lida com o exterior, com Israel, com a política palestina, com alianças e com diferentes atores na região.

Rami G. Khouri:

Então, com base no Documento do Prisioneiro, e na maneira como os prisioneiros do Hamas agiram na prisão, interagindo com outras facções do movimento nacional palestino, o que isso nos diz sobre a capacidade ou disposição do Hamas de realmente dar e receber, de negociar politicamente dentro do mundo da liderança palestina, e então possivelmente além disso no mundo árabe, com Israel e com o Ocidente? A experiência prisional do Hamas deve nos dar *insights* sobre sua capacidade de negociar?

E então a questão, que eu vou continuar depois disso, é negociar para quê? O que você vê, o que você entende, como seu objetivo final hoje?

Dra. Paola Caridi:

A experiência dos prisioneiros nos conta também do comportamento político do Hamas fora da prisão. Isso significa que eles estão negociando – eles são capazes e conseguem negociar. Eles negociaram tanto dentro da prisão, entre as facções na prisão, quanto fora dela.

Se pensarmos no Hamas ao longo dos seus anos de vida como um movimento político, vemos que ele negociou com Israel, por exemplo. Negociou com Israel, a partir de 1988, alguns meses depois de ter sido fundado como um movimento. Há alguns documentos que nos dizem muito sobre isso. Eles foram convidados a Tel Aviv para falar com a liderança israelense e disseram não a muitos dos pedidos – a todos os pedidos da liderança israelense.

Então, desde o começo, eles iniciaram uma negociação e continuaram ao longo dos anos. Claro, eles negociaram também com Arafat, mas isso não foi adiante. Eles negociaram com Israel, por exemplo na troca [em 2011] entre Gilad Shalit e os 1.027 prisioneiros políticos [palestinos], não apenas prisioneiros do Hamas. Também temos que sublinhar isso. E eles também negociam dentro da arena política palestina, para cruzar as fronteiras de Gaza.

Eles fizeram muito ao longo dos anos. Quando digo negociar, não significa mediar, atingir um objetivo. Mas digo negociar, por exemplo, quando tentaram ser aceitos dentro da OLP ao longo dos anos. Eles negociaram para as eleições em 2006 e para as não eleições de 2021. Eles negociaram em relação aos prisioneiros. Eles negociaram em relação a Jerusalém, dentro da arena política palestina. Porque dessa forma, eles tentaram cruzar a fronteira de Gaza e serem aceitos novamente dentro da arena política palestina global.

Rami G. Khouri:

E você vê o Hamas hoje, depois de todas essas evoluções e modificações, você os vê ainda buscando fazer parte da OLP, que é o único movimento nacional realmente reconhecido para o povo palestino? Mesmo que a OLP esteja meio adormecida agora. Mas qual é a atitude do Hamas em relação a fazer parte da OLP hoje, no seu entendimento?

Dra. Paola Caridi:

Eles começaram a pensar em ser aceitos na OLP em 2005, com a Declaração do Cairo em março de 2005. E continuam até agora. Se você vir o que eles fizeram em Moscou[9] com todas as facções,

[9] Facções palestinas, incluindo Fatah, Hamas e Jihad Islâmica, se encontraram em Moscou em março de 2024 para dois dias de

as quatorze facções que estiveram nessa reunião, e o que fizeram em Pequim, na China:[10] eles querem fazer parte do panorama político palestino, digamos da OLP como representante legítimo da população palestina, porque eles querem ser legitimados pela OLP. Eles querem fazer parte da dimensão internacional da questão palestina. Isso foi uma meta para Khaled Meshaal por anos e anos. Mas, até agora, ainda faz parte da discussão.

Rami G. Khouri:

Os textos que mencionei antes, particularmente a carta, são documentos que você ainda considera centrais para a análise que alguém faça do Hamas?

Dra. Paola Caridi:

A carta que foi publicada em agosto de 1988 é o pilar da fundação do [Hamas]. Até agora, eles nunca a rejeitaram. É uma espécie de peso sobre os ombros do Hamas, e é parte, claro, da narrativa sobre o Hamas.

Eles publicaram muitos textos ao longo dos anos. E especialmente em 2017, publicaram o documento sobre princípios gerais e políticos que era muito diferente da carta.[11] Eles não rejeitaram a carta, mas escreveram outro texto. E este texto é parte da rigidez do processo decisório: foi o resultado desta consulta muito espalhada sobre os princípios. Se você ler o texto,

---

negociações sobre a formação de um governo unido para a Gaza pós-guerra. Veja http://english.alarabiya.net/News/middle-east/2024/03/01/Palestinianfactions-meeting-in-Russia-s-Moscow-agree-to-continue-push-for-unity.

[10] A China recebeu o Hamas e o Fatah em abril de 2024 para conversas de reconciliação. Veja: www.aljazeera.com/news/2024/4/30/china-says-palestinian-rivals-hamas-andfatah-met-for-talks-in-beijing

[11] Encontre os textos desses dois documentos nos Apêndices 1 e 3.

ele é extremamente diferente [da Carta de 1988]: o texto de 2017 é contemporâneo. Usa uma linguagem que fala de colonialismo, colonos, assentamentos, e assim por diante.

Rami G. Khouri:

Certo. Então, agora temos a carta revisada, ou a declaração de 2017, e a entrevista recente de um dos líderes do Hamas dizendo explicitamente que aceitaremos uma solução de dois Estados. Mas o Hamas sempre disse que se recusa a reconhecer Israel. E eles também dizem que, bem, estamos dispostos a reconhecer Israel, mas não achamos que Israel se reconheça, o que significa que Israel nunca declarou suas fronteiras. Então, o Hamas está dizendo: quem reconhecemos? Quais fronteiras?

Como você interpreta isso? Essa é uma maneira que o Hamas usa para evitar chegar à resposta para a pergunta: "Você algum dia conviverá pacificamente com Israel? Ou você reconhecerá o Estado de Israel? Ou você o reconhecerá como um Estado judeu?". Existem todas essas diferentes gradações de como os palestinos e outros, árabes e muçulmanos, se relacionam com Israel – o quê, qual Israel e de que forma? Como você interpreta isso na visão da posição do Hamas?

Dra. Paola Caridi:

Sabe, sempre há uma ambiguidade, uma opacidade nas declarações do Hamas. Mas quando você fala com os líderes, muitos diriam, mas é claro, nós reconhecemos Israel; é uma realidade. Isso diz muito, mas também diz menos do que você espera. Para o Hamas e para todos os palestinos, acho que a questão central é: "Os israelenses nos reconhecem?"

Sabemos que para a maioria dos israelenses, os palestinos com cidadania israelense são vistos como árabes, não palestinos. Então, a pergunta que os palestinos como um todo e o Hamas dentro do panorama palestino fazem é: "Eles nos reconhecem como a população legítima dentro desta terra?" Ou, "Eles reconhecem o Estado da Palestina como nós reconhecemos o Estado de Israel?"

Então, esta é a questão, porque as [fronteiras] de 1967 estão até dentro dos documentos escritos do Hamas. Então, e o outro lado?

Rami G. Khouri:

Então, deixando de lado se é possível logisticamente ter um Estado palestino na Cisjordânia e em Gaza e os assentamentos saírem, isso cabe ao futuro determinar. Mas se fosse possível – o Hamas está basicamente dizendo aos israelenses e ao mundo: "Nós não faremos a mesma coisa que Arafat fez, não vamos reconhecê-los, não vamos admitir que faremos algo ou pararemos com a resistência armada *antes de obtermos algo de valor equivalente em troca*?" Essa é uma maneira precisa de descrever a posição do Hamas?

Dra. Paola Caridi:

De certa forma, sim. E de outra forma, o véu que o Hamas coloca na frente de si é o véu da temporariedade. Então *hudna, tahdi'a*, cessar-fogo, trégua de longo prazo, quero dizer, essas são as palavras que foram usadas ao longo das dezenas de anos da vida do Hamas. Então, temos que olhar para isso dessa perspectiva do que o Hamas está dizendo. Mas temos que olhar para o que o Hamas fez em 2005 e 2006: ele aceitou a solução de dois Estados sem dizer isso, mas participando das eleições, não do PNC (Palestinian National Council, Conselho Nacional Palestino), mas do parlamento da Autoridade Palestina. Quero dizer, esse foi o melhor reconhecimento.

E se me permite dizer, o erro da comunidade internacional não foi aceitar o Hamas como parte das eleições, mas não aceitar o Hamas como vencedor. Porque o problema foi que o Hamas ganhou as eleições e o Fatah perdeu.

Rami G. Khouri:

Você mencionou a comunidade internacional. Eu quero fazer uma pergunta sobre a comunidade internacional, particularmente a Europa e os Estados Unidos. Outros países também contam, claro, Rússia, China, Índia, Turquia e Irã. Mas o mundo ocidental, as grandes potências, seu relacionamento com o Hamas, você está dizendo que acha que eles cometeram um erro (e você já disse isso em entrevistas anteriores) ao não se engajarem com o Hamas quando houve uma abertura?.

E relacionado a isso, o Hamas tem um relacionamento muito complexo com os países árabes, ou pelo menos, digamos, com os governos árabes, porque há uma grande diferença entre o sentimento popular nos países árabes e o sentimento oficial. Eles nem sempre coincidem.

Como você vê o relacionamento do Hamas com as potências ocidentais e os governos árabes? E isso está evoluindo junto com essa outra evolução?

Dra. Paola Caridi:

Sabe, depois de 2006 e 2007, alguns anos depois, políticos – políticos e diplomatas europeus – me disseram, provavelmente cometemos um erro depois das eleições de janeiro de 2006, por não construir uma estrutura, uma estrutura institucional na qual o Hamas pudesse ser, digamos, contido. E então isso é passado, mas hoje em dia é muito difícil para o Ocidente se envolver com o Hamas. Extremamente, extremamente difícil.

Mas, para acrescentar a isso, a respeito das relações entre o Hamas e os Estados árabes, não apenas árabes, mas regionais, volto a 1982. A primeira coisa que o Hamas disse foi não agiremos como o Fatah e a OLP fizeram. Quero dizer, não nos meteremos nos assuntos internos dos Estados com os quais construímos alianças. Então, não faremos parte da guerra civil libanesa. Não faremos parte do Setembro Negro em 1970 na Jordânia. E esse foi o caso.

Quero dizer, eles permaneceram como liderança em Damasco, embora o regime sírio fosse muito, muito difícil e duro contra a Irmandade Muçulmana Síria. Mas eles não deixaram Damasco por esse motivo. Quando eles deixaram Damasco em 2012, partiram porque pensaram que depois das revoluções de 2011, houve uma onda islâmica que teve um grande resultado no Cairo com a eleição de Mohamed Morsi como presidente da República do Egito, e eles poderiam ganhar algo com essa onda islâmica.

Eles pensaram naquela época — ouvi isso em Gaza, em 2012 — que a onda islâmica será uma protagonista muito forte no nível regional. Essa é a razão pela qual eles tiveram relações com a Jordânia no começo, com a Síria, com o Egito em um certo momento, quero dizer, depois de 2011. Mas se você pensar também no papel de Mahmoud Zahhar, [que tem] nacionalidade palestina e egípcia, e Musa Abu Marzouq, o rei dos mediadores dentro do Hamas, você entende também o pragmatismo em suas relações com os Estados que querem se envolver com eles, como o Irã, mas não apenas o Irã.

Rami G. Khouri:

Certo. "Não apenas o Irã" me leva à questão do Eixo de Resistência, como é chamado, Hezbollah, Hamas, Irã, Ansar Allah e outros. Como você entende o relacionamento do Hamas com ou posição dentro do Eixo de Resistência e a resposta dos membros do eixo à guerra atual? Você acha que o Hamas está decepcionado ou satisfeito?

Dra. Paola Caridi:

Primeiro, a resposta para a última pergunta, eu acho que é decepcionado, porque eles não reagiram em apoio ao Hamas depois do

7 de outubro da mesma forma, por exemplo, que o Hezbollah e o Hamas se apoiaram extremamente em 2006, durante a guerra de 33 dias entre Israel e Líbano. Nesse caso, a aliança do Hamas e do Hezbollah era muito forte a nível militar, mas não neste caso.

Provavelmente, isso confirma que o 7 de outubro foi decidido dentro de Gaza e não em consulta entre os diferentes constituintes, porque houve uma transformação do Hamas depois de 2007. O Hamas, daquele ponto em diante, tinha o território, o poder, o governo e a administração de um pedaço de terra, uma administração completa — de uma prisão a céu aberto — mas uma administração e governo total de um território. Então, eu acho que o fato de o Eixo da Resistência ter reagido [só] depois de semanas, meses, em um nível militar, significou que, neste caso, a parte de Gaza do Hamas agiu, se não sozinha, mas empurrou, quero dizer, colocou muita pressão na outra parte do Hamas e foi sozinha para a fronteira no ataque de 7 de outubro.

Rami G. Khouri:

A população palestina é muito jovem. Não sei quais são as estatísticas demográficas exatas, mas deve ser algo como 50% da população com menos de 30 anos. Por viver lá e por sua pesquisa, você tem *insights* sobre a geração mais jovem, as pessoas dizem que têm menos de 35 anos agora, estão evoluindo de alguma forma? Ou eles estão continuando no mesmo caminho de posicionamento político e ideológico que seus irmãos e irmãs mais velhos e seus pais? Há algo acontecendo entre os palestinos mais jovens que são próximos ou membros do Hamas que devemos estar cientes?

Dra. Paola Caridi:

A transformação começou em 2007, quando houve muita decepção entre as gerações mais jovens por causa do fracasso dos pragmáticos, o fracasso, naquela época, da geração média, [Ismail]

Haniyeh, Musa Abu Marzouq, Khaled Meshaal e todas as pessoas da Cisjordânia que decidiram ir às eleições. Então, o fracasso de 2007, a divisão entre Cisjordânia e Gaza, entre Fatah e Hamas, realmente radicalizou a parte mais jovem dos ativistas do Hamas. Eles me disseram em Gaza, olha o que aconteceu, não alcançamos nenhum resultado, então vamos para a *muqawama*, a resistência.

Rami G. Khouri:

Então temos que, como você descreveu, olhar para o Hamas e entender que ele tem vários componentes, você os chama de constituintes ou elementos ou centros de poder, você tem a ala militar, você tem os prisioneiros, você tem as pessoas na Palestina, na Cisjordânia e em Gaza, e você tem os campos de refugiados ao redor da região e outros palestinos que não estão em campos, mas estão exilados ao redor do mundo. Como você avaliaria o equilíbrio de poder na tomada de decisões entre essas diferentes partes do Hamas?

Porque agora as pessoas estão perguntando em todo o mundo, e ninguém tem uma resposta clara, mas descobriremos no próximo ano, suponho, qual é a inclinação do Hamas em concordar com ideias que estão sendo apresentadas para, digamos, uma transição de governança na Cisjordânia e Gaza após o fim da guerra? Eles serão mais flexíveis? Eles permitirão que forças árabes e internacionais desempenhem um papel? Eles aceitarão uma presença israelense além da fronteira? Como você vê os diferentes centros de poder ou constituintes dentro do Hamas pesando sobre as grandes questões, sobre o que acontece depois deste período muito difícil de guerra genocida?

Dra. Paola Caridi:

Vamos colocar desta forma. Tive muita sorte como analista e historiadora a partir de 2004, quando o Hamas, começando no período de transição após o assassinato do xeque Ahmed Yassin, após a morte de Arafat, decidiu fazer parte da nova política palestina. Tive muita sorte porque eles queriam se mostrar. Queriam narrar a si mesmos. Então, eles me contaram muitas coisas porque não eram mais clandestinos. Hoje em dia, a opacidade está lá, então é muito difícil de entender.

O que me parece, a distância, é que a fragilidade do movimento político está lá, que há posições diferentes. (Mas também havia antes, dentro do Hamas.) Hoje, Osama Hamdan disse em uma coletiva de imprensa que a liderança no exterior está mantendo contato com Mohammad Daif e Yahya Sinwar. O que isso significa? Significa que há um equilíbrio de poder entre o Hamas em Gaza, tanto o político quanto o militar, e o outro Hamas fora de Gaza.

Não sei. Parece-me que há flexibilidade no exterior. Parece-me que o fato de Khalil al-Hayya, Musa Abu Marzouq e – bem, especialmente os dois que mencionei, eles querem chegar a um acordo, tanto dentro da arena política quanto fora dela. Eles aceitarão um governo tecnocrático, como por exemplo Musa Abu Marzouq disse algumas semanas atrás. O que isso significa? Eles têm que sair da guerra.

Eles têm que sair do massacre em andamento em Gaza, também porque eu acho que eles estão sentindo a pressão da população dentro de Gaza, que não está apenas sofrendo, está morrendo. Eles foram mortos por meses e meses. E na Cisjordânia, o Hamas, do ponto de vista organizacional, está fraco desde 2007, porque muitos dos seus líderes estão presos, tanto nas prisões palestinas quanto nas prisões israelenses. Então, eu acho que é um momento muito, muito delicado para a estrutura organizacional do Hamas e o equilíbrio de poder.

Rami G. Khouri:

O que você vai analisar em sua pesquisa agora sobre o Hamas e as questões mais amplas da resistência nacional palestina, luta nacional palestina, relacionamentos na região e no exterior? Há alguma área em que você vai se concentrar particularmente, que você acha que é importante?

Dra. Paola Caridi:

Para entender a maneira palestina de fazer política fora do Hamas, Fatah e das facções clássicas. Porque eu acho que a população, tanto na Cisjordânia quanto em Jerusalém Oriental — está esquecendo de Jerusalém Oriental! — nos campos de refugiados no exterior, e em Gaza, também está usando linguagens diferentes em relação aos direitos. Além disso, diferentes nuances sobre identidade, e isso começou desde antes.

O que me interessou, por exemplo, foi o protesto em Jerusalém em 2021. E que eles [os manifestantes] eram jovens da Cisjordânia, de Jerusalém Oriental e de moradores das áreas ocupadas após a guerra de 1948. Eles vieram de Nazaré e de outros lugares para Jerusalém. Então, acho que a gente tem que cuidar da juventude palestina da mesma forma que cuidamos dos jovens não palestinos nos *campi* dos Estados Unidos.

Helena Cobban:

Bem, Rami e Paola, muito obrigada a vocês dois. Essa foi uma conversa muito importante. Então, da caixa de perguntas, tenho algumas que quero fazer.

Uma [pergunta] é sobre sua compreensão da maneira como o governo israelense, talvez particularmente Netanyahu, usou o que eu considero como uma abordagem tradicional de dividir para governar tentando apoiar o Hamas para fomentar divisões e enfraquecer o Fatah e os nacionalistas seculares, e dividir os palestinos. Quão bem-sucedido isso foi?

Dra. Paola Caridi:

Isso também faz parte da narrativa desses meses recentes: se Israel teve um papel no apoio ao Hamas. Eu não acredito. E [se teve] não começou agora, nos anos de Netanyahu. Começou, como eu disse antes, em 1988, mas durou poucos meses. E se pensarmos na onda de prisões em 1988 – em 1989, algumas das testemunhas, os líderes do Hamas naquela época, me disseram que Israel quase conseguiu destruir o movimento em 1989. Se pensarmos em 1992, quando 415 pessoas foram deportadas para Marj al-Zuhur no sul do Líbano, a fim de [destruir] o movimento.

E se pensarmos depois de 2008, as pelo menos cinco guerras em Gaza, eu não vejo uma narrativa realista que nos diga, você sabe, Israel fundou ou criou o Hamas no final dos anos 1980, ou Israel apoiou o Hamas para dividir [os palestinos]. Porque da mesma forma, Israel não apoiou Ramallah e a AP. Quero dizer, foi uma luta contra a política palestina como um todo, com duas ferramentas diferentes: a ferramenta das guerras em Gaza com o Hamas e o enfraquecimento, o enfraquecimento extremo, da AP em Ramallah.

Helena Cobban:

Interessante. Também temos esta pergunta: o que impede o Hamas de entrar na OLP?

Dra. Paola Caridi:

Temos que perguntar ao Fatah. O Hamas se esforçou muito para ser aceito dentro da OLP e muitas das facções queriam o Hamas e também a Jihad Islâmica (mas mais o Hamas) dentro da OLP. Um que queria todos eles é Mustafa Barghouti. O Fatah se opôs, ou alguns dentro do Fatah se opuseram, em primeiro lugar, Abu Mazen e Mahmoud Abbas. Muitos dentro do Fatah querem hoje em dia que o Hamas esteja dentro da OLP. Um deles é Jibril Rajoub. Ele disse isso muitas vezes.

Helena Cobban:

Sim. Seguindo com uma pergunta semelhante, você tem alguma esperança de que esse processo em que potências externas como a Rússia e agora a China se envolveram para tentar trazer uma reconciliação ou uma unificação das diferentes facções dentro da OLP? Você tem esperança de que isso funcione?

Dra. Paola Caridi:

Temos esperança porque a reconciliação palestina nos dirá muito também sobre o que está acontecendo em Gaza agora. Então, temos que ter esperança. Não sou tão otimista. E vou citar meu amigo Mahdi Abdel-Hadi, que uma vez me disse: "Você sabe, quando o processo começa no Oriente Médio, ele vai durar anos e dezenas de anos." Há dezessete anos começou um processo de reconciliação. E estamos vendo hoje em dia o resultado do fato de que eles não chegaram a um resultado, uma reconciliação.

Helena Cobban:

Há também a citação, a famosa citação de Lenin de que às vezes a história passa por décadas sem que nada aconteça, e então às vezes você tem uma semana em que décadas de história acontecem. E eu meio que sinto que talvez estejamos nesse tipo de ponto de inflexão por muitas razões.

Eu estava montando um tópico no Twitter ontem, que não levou a lugar nenhum, mas a ideia era assim: o que está acontecendo agora é uma luta pela alma do Fatah.

Dra. Paola Caridi:

Sim, sim, claro, quando Rami me perguntou, qual é seu foco agora? E eu falei sobre meu interesse na juventude, é porque há algumas almas que precisam ser revividas, mais do que revividas, ressignificadas. E a alma do Fatah é uma delas, não apenas o Fatah, mas é uma delas.

E eu acho que a injeção da nova linguagem da juventude, não apenas palestina, mas palestina como parte de uma juventude global, pode levar a desenvolvimentos interessantes no futuro. Veja [o] que vemos nos *campi*, como uma prática política e como uma prática política inclusiva e pacífica que eu acho que são herdeiras dos movimentos Occupy, de Tahrir a Wall Street. Então, eu acho que temos que assistir a essa injeção de novos valores.

Rami G. Khouri:

Deixe-me acrescentar aqui. Estou morando em Boston, nos Estados Unidos agora. E passo a maior parte do meu tempo aqui. Vou ao Oriente Médio duas ou três vezes por ano. Mas tenho observado muito de perto os desenvolvimentos aqui e as últimas três semanas dos protestos estudantis universitários, e a maneira como a estrutura de poder aqui respondeu, que é a mídia, a grande mídia, o governo e o setor corporativo. Essas três são as estruturas de poder. E elas agiram de forma muito militarista contra esses protestos.

Mas o que estamos vendo aqui é um momento histórico extraordinário onde a questão palestina, a guerra genocida de Israel em Gaza, e a responsabilidade de Israel de aderir à lei internacional, essas são todas agora questões para discussões públicas. Elas estão nas notícias quase todas as noites. E agora estão sendo pressionadas pelos manifestantes estudantis para serem discutidas em público. É um momento sem precedentes onde a Palestina se tornou uma questão doméstica, não apenas em termos de debate público, mas pode influenciar a eleição em novembro. Nunca tivemos essa situação.

O movimento sionista e Israel sempre tiveram engajamentos dentro do sistema político dos Estados Unidos e sempre poderiam ter um impacto de uma forma ou de outra nas eleições. Os palestinos nunca tiveram isso até agora. Então, temos que ficar de olho em como isso se desenvolve aqui nos Estados Unidos. E parece que os estudantes — estive em cerca de uma dúzia de universidades nos últimos três meses, conversando com as pessoas, e não parece que os estudantes vão recuar. Esta é uma questão geracional.

E não são apenas os estudantes, porque é uma coalizão que primeiro veio à tona em Dearborn, Michigan, em janeiro e fevereiro, quando árabes estadunidenses, muçulmanos estadunidenses, negros estadunidenses, hispânicos estadunidenses, sindicatos, grupos religiosos, progressistas judeus, todos juntos criaram essa coalizão que, nas primárias, votou sem compromisso. E teve sucesso muito além das expectativas deles. Como o Hamas, eles não esperavam se sair tão bem, como o Hamas não esperava se sair tão bem quando foi para as eleições.

Então, há coisas realmente históricas acontecendo aqui nos Estados Unidos, e nós temos que ver para onde isso vai. E é por isso que eu acho que o *establishment* está lutando tão ferozmente contra, para impedir isso. Eles não querem que as políticas israelenses sejam discutidas em público. Eles não querem que as vozes palestinas tenham uma audiência. E eles estão perdendo em ambas as pontas.

Dra. Paola Caridi:

E também tem a Alemanha. Quero dizer, há dois pilares [de apoio a Israel.] Um são os Estados Unidos e o outro é a Alemanha e a Europa.

Helena Cobban:

Sim, quero agradecer a Rami por trazer esse tipo de mudança radical para o foco aqui. Eu não estava nos Estados Unidos em 1968. Mas eu assisti da Inglaterra e foi bem emocionante o que estava acontecendo naquela época. E, você sabe, o mesmo tipo de movimento social que tivemos contra a Guerra do Vietnã e para mim contra o *apartheid* na África do Sul, você sabe, que tivemos na Inglaterra muito tempo antes de eles terem aqui nos Estados Unidos. Então, esse tipo de movimento pode trazer mudanças reais.

E eu acho que para nós estarmos lidando com essa grandeza – é como o que nós chamamos nos Estados Unidos de um terceiro trilho na discussão, que é o Hamas. Você sabe, no começo, depois do 7 de outubro, todo mundo tinha que, antes que você pudesse dizer qualquer coisa, você era chamado: "Você condena o Hamas? Você condena o Hamas?". E, você sabe, aqueles de nós que se recusaram a jogar esse jogo apenas ficaram em silêncio por um longo tempo. Mas agora é hora de falar sobre o Hamas como um representante de uma vertente importante, muito importante no movimento nacional palestino. E eu realmente quero agradecer a você, Paola, por trazer sua experiência direta de seus nove anos vivendo em Jerusalém e observando essas coisas bem de perto.

Obrigada, Paola, por trazer isso para nós. E obrigada, Rami, por interrogá-la um pouquinho mais gentilmente do que como os israelenses interrogam seus prisioneiros, tenho certeza.

CAPÍTULO 2
CONVERSA COM DR. KHALED HROUB

Helena Cobban:

Olá a todos. A parte principal do programa de hoje será uma conversa que Rami e eu conduzimos com o especialista convidado de hoje, Dr. Khaled Hroub. É ótimo ter vocês dois conosco.

Antes de apresentar Rami e Dr. Khaled Hroub a vocês, quero lançar a todos os participantes o primeiro dos dois pequenos testes surpresa que criei para a sessão de hoje. Fiquem certos de que esses testes são completamente anônimos. Hoje, nenhum dos nossos testes tem uma resposta certa. Então aqui está o teste nº 1. É de múltipla escolha:

Quais diferenças você vê entre o Hamas e o Isis?

- Eu não vejo nenhuma diferença
- Eu sei que eles são diferentes mas não tenho certeza de quais maneiras
- O Hamas coloca muito mais ênfase no ensino superior do que o Isis
- As diferentes atitudes das organizações em relação à educação, ao emprego e empoderamento das mulheres
- As diferentes atitudes das organizações em relação à ONU e ao sistema estatal internacional
- As diferentes atitudes das organizações em relação às eleições
- As diferentes atitudes das organizações em relação ao uso de violência

... Isso é interessante. Nenhuma das pessoas que responderam disse que não vê nenhuma diferença. Seis disseram: "Eu sei que são diferentes, mas não tenho certeza de que maneiras", o que é realmente significativo. E então doze ou treze pessoas identificaram diferenças em relação às mulheres e ao ensino superior, e atitude em relação à ONU e ao sistema estatal internacional. Então onze identificaram diferenças na atitude em relação às eleições, e doze atitude em relação ao uso da violência.

Bem, muito obrigado a todos por responderem.

O próximo teste é:

Quão confiante você se sente ao explicar as diferenças entre o Hamas e o Isis para amigos ou colegas?

- Muito confiante
- Um pouco confiante
- Nada confiante

... Então, temos 34 pessoas respondendo, e sete de vocês se sentem muito confiantes, o que é ótimo. Conte-nos como vocês fazem isso, por favor! Obrigado a todos por responderem aos nossos questionários.

Agora, estou feliz em trazer Rami G. Khouri, que é um valioso membro do conselho da Just World Educational. E nosso especialista convidado hoje é o Dr. Khaled Hroub, que é professor de Estudos do Oriente Médio e Estudos da Mídia Árabe na Universidade Northwestern no Catar e ex-membro da Faculdade de Estudos Asiáticos e do Oriente Médio na Universidade de Cambridge – Inglaterra – onde deu palestras sobre história e política do Oriente Médio contemporâneo e foi o diretor fundador do Cambridge Arab Media Project [Projeto de Mídia Árabe de Cambridge] entre 2003 e 2012. Ele publicou vários livros e artigos sobre assuntos palestinos, árabes e internacionais em inglês e árabe.

Seu pequeno e útil livro, *Hamas, A Beginner's Guide* [Hamas, um guia para iniciantes], saiu em uma primeira edição em 2006 e uma segunda edição em 2010. Ele tem um livro que deve sair no final deste ano sobre o intrigante tópico dos túneis de Gaza, além de um bom ensaio no livro *Deluge: Gaza and Israel from Crisis to Cataclysm* [Dilúvio: Gaza e Israel da crise ao cataclismo] publicado pela OR Books. Sua contribuição é intitulada "Nothing Fails Like Success, Hamas and the Gaza Explosion" [Nada falha como o sucesso, o Hamas e a explosão de Gaza].

Então agora vamos passar a palavra para que Rami possa fazer a Khaled a primeira rodada de perguntas.

Rami G. Khouri:

Obrigado, Helena, e especialmente Khaled, obrigado por estar conosco. Este é um problema enorme com muitas dimensões e é por isso que pensamos em fazer esta série de cinco partes onde entrevistamos acadêmicos, especialistas que sabem muito sobre o Hamas, porque passaram anos estudando, e também conhecem mais sobre a região, a questão palestina mais amplamente, o Oriente Médio, o mundo árabe, o mundo islâmico e as relações com o Ocidente. E você tem que realmente entender como esses círculos concêntricos se encaixam uns nos outros para compreender completamente o que o Hamas é, o que ele faz e por que ele faz.

Não estamos fazendo esta série para defender o Hamas ou criticá-lo, mas simplesmente para esclarecer, para que as pessoas tirem suas próprias conclusões. Então, minha primeira pergunta para você, Khaled, é que eu sei pelos seus escritos e pessoas que conheci ao longo dos anos, que existem basicamente duas vertentes principais dentro do pensamento do Hamas. Uma é a islâmica e a outra é a nacionalista palestina, não a nacionalista árabe, mas dentro da luta nacional palestina – ou como um movimento focado no islamismo.

Como você vê esse equilíbrio, antes de tudo, como tem mudado ao longo do tempo e evoluído, e onde você o vê agora?

Dr. Khaled Hroub:

Sim, antes de tudo, Rami, muito obrigado, e obrigado a Helena por organizar este evento e todo o programa de educação às pessoas sobre esta grande questão... Agora, para começar sobre as duas vertentes que você mencionou, a nacionalista, a nacionalista palestina e a islâmica dentro do Hamas.

Esta é uma maneira de ver as coisas que é de alguma forma esclarecedora e pode ser uma simplificação, embora pertença ao binarismo, talvez, compreendendo os fenômenos sociais, ativismo político, e o resto disso. Então, a simplificação é boa para públicos mais amplos, e é muito útil. Mas, ao mesmo tempo, deixe-me dizer que as coisas têm mais nuance e sofisticação para além desse modo binário.

Porque se dissermos que, dentro do Hamas, há o componente nacionalista e há o componente islâmico, talvez haja uma suposição inconsciente ou não intencional de que esses dois componentes são mutuamente exclusivos. Então, ou você é islâmico, ou nacionalista. Se você é islâmico, você não pode ser nacionalista, e vice-versa.

E eu acho que dentro da cena palestina e do movimento nacionalista palestino, que começou desde os dias do colonialismo britânico e segue até este exato momento, temos coisas que eu diria que são mais sofisticadas. Então você tem esses componentes se sobrepondo, alimentando um ao outro. Às vezes, um deles assume a liderança, e o outro talvez fique um pouco em segundo lugar, tudo dependendo do contexto e das circunstâncias dadas.

Ainda assim, talvez a coisa binária, islamita e nacionalista, seja útil, novamente, para discussões curtas. Mas eu só queria dizer que o Hamas é uma organização ou movimento multifacetado, se preferir. Isso significa que ele é um partido político, uma organização de caridade e uma facção militar: tudo isso combinado. E você não pode dizer, se eu sou um movimento nacionalista, então o que posso fazer com meu braço de caridade, a função de caridade? Isso é executado talvez de acordo com os ideais e princípios islâmicos. Então, na verdade, você não pode separar essas duas coisas uma da outra.

Agora, o Hamas daria preponderância ao componente político ou ao componente islâmico quando se trata de lidar com mudanças de circunstâncias, dependendo do contexto. Se eles estão, digamos, concorrendo a eleições, se estão unindo forças com outras facções palestinas na Palestina, se estão falando com governos na região e até além, neste caso, você tem o aspecto político, a face política nacionalista do Hamas assumindo a liderança. Agora falamos de nacionalismo. Então, o Hamas falaria em nome dos palestinos e do discurso nacionalista palestino.

Se o Hamas apelar ao eleitorado muçulmano, globalmente falando, se eles lidam com redes sociais, instituições de caridade, questões religiosas, talvez neste caso, você tenha a face religiosa do Hamas, a face islâmica do Hamas tomaria a liderança.

Eu acho que há esses dois componentes. Mas se quisermos deixar essa discussão com mais nuances de lado e ir para a mais simplificada e dizer, ok, no final das contas, tudo se resume a esses dois componentes – islâmico e nacionalista – eu diria que temos testemunhado um aumento constante da força nacionalista às custas da tendência religiosa dentro do Hamas nas últimas duas ou três décadas. É uma curva sólida, mas, no entanto, dentro dessa curva, você tem altos e baixos, talvez algum movimento lento ou rápido na curva nacionalista, dependendo das circunstâncias.

Se houvesse alguma boa recepção à entrega nacionalista, o Hamas aumentaria esse aspecto nacionalista. Se houvesse algum tipo de isolamento, desengajamento, você veria a face e o aspecto religioso do Hamas se tornando mais aparente.

Helena Cobban:

Se eu pudesse intervir aqui, acho que é útil observar que, claro, há o grande eleitorado de cristãos palestinos e como eles se relacionam com o Hamas. Mas também no atual movimento de resistência em Gaza, os combatentes do Hamas e da Jihad Islâmica Palestina estão realmente lutando ao lado de combatentes da Frente Popular, a Jabha al-Shaabiyya, que é, muito explicitamente, um movimento secularista. E, claro, a FPLP foi fundada por George Habash, um conhecido cristão palestino, e teve muitos cristãos palestinos no movimento. Então, voltando à diferença entre o Hamas e o Isis, você não veria o Isis se aliando a movimentos cristãos.

Dr. Khaled Hroub:

É muito fascinante. É por isso que digo que é uma situação com mais nuances, porque quando você fala sobre política palestina ou mesmo talvez sobre política árabe, você mencionou, digamos, a Frente Popular Marxista na Palestina que foi fundada e liderada por George Habash. Às vezes você pode encontrar um palestino que é marxista e ainda religioso. Então, eles fariam seus deveres religiosos, mas intelectualmente falando, eles diriam, "eu sou de esquerda, eu estou na tradição marxista, talvez até leninista". Então é por isso que eu acho que o binário, o binário muito rígido, abordagem preto e branco, às vezes não está realmente capturando a realidade palestina e talvez até algumas outras.

Rami G. Khouri:

Obrigado. Vamos em frente. Pesquisas de opinião pública ou eleições são provavelmente as duas principais maneiras de medirmos o lugar do Hamas na sociedade entre os palestinos, quão popular ele é, quão influente ele é: obviamente sobe e desce. E recentemente houve pesquisas feitas por Khalil Shikaki que mostraram que sua popularidade estava muito alta após o ataque de outubro a Israel.

Quais são os fatores que fazem alguém sentir: apoio o Hamas, estou com o Hamas ou sou contra ele? Porque há muitas razões pelas quais alguém o apoiaria. E pode ser apenas algo emocional, para sentir-se bem, ou pode ser uma sensação de que ele vai me proteger, ou pode ser uma sensação de que ele vai pressionar por um acordo árabe-israelense justo. Então, estamos neste mundo muito complexo de maneiras pelas quais os indivíduos se relacionam com esses movimentos políticos. Mas como e onde você vê a posição do Hamas entre palestinos e árabes?

Dr. Khaled Hroub:

Talvez a palavra-chave para isso seja "resistência". Os palestinos especificamente, e então os povos árabes em geral: acho que a principal razão para eles apoiarem o Hamas é a resistência, não a religião, o nacionalismo ou qualquer outra coisa. Novamente, se fosse um movimento marxista, ou um movimento nacionalista palestino, ou talvez até mesmo um movimento liberal que estivesse conduzindo a resistência no momento, acho que eles teriam, mais ou menos, o mesmo apoio.

Existem outros tipos de fatores aqui e ali. Esta organização é honesta em sua atuação, no trabalho social, na administração dos negócios do governo, mas acho que a questão central é a resistência.

E, em meus escritos, segui essa linha de pensamento e apoio ao longo da história palestina, desde os dias do colonialismo britânico. Se você tem alguma organização ou movimento aderindo à ideia de resistência, agora eles assumiriam a liderança. Desde o xeique Izzeddine al-Qassam, que em meados da década de 1930 capturou todos os corações e mentes dos palestinos naquela época, e então ele se tornou a vanguarda em termos de prestígio, talvez popularidade e apoio, embora seu período de resistência tenha durado apenas dois, três ou quatro anos.

Líderes tradicionais como Hajj Amin al-Husseini e muitos outros ficaram em segundo plano. Nos anos 1950, 1960, quando o Fatah foi organizada, criada e fundada, a questão principal, o slogan principal, o mantra principal, era a resistência, não era nem mesmo uma ideologia. Eles assumiram a liderança. Todas as outras organizações antes do Fatah tornaram-se secundárias. E o Fatah permaneceu na vanguarda do ativismo e liderança nacional palestina até a assinatura dos Acordos de Oslo. Naquele momento, o Fatah começou a declinar porque eles colocaram a resistência de lado.

O Hamas começou a crescer por causa disso, porque eles aderiram e carregaram a bandeira da resistência. Antes de o Hamas ser fundado em 1987, sua organização-mãe, a Irmandade Muçulmana, foi criada na Palestina antes mesmo do estabelecimento do Estado de Israel. A Irmandade começou em 1946. No entanto, eles permaneceram às margens do movimento nacional palestino porque pensaram, "a resistência não é urgente, nós podemos adiá-la, nós podemos nos concentrar em assuntos religiosos e isso e aquilo". O programa de resistência não era sua ideia central. Então, eles permaneceram à margem.

O que marginaliza ou centraliza qualquer movimento político dentro do cenário colonizado palestino é a resistência. Então, o que agora faz as pessoas na Cisjordânia, Palestina, Faixa de Gaza e em outros lugares apoiarem o Hamas, na minha humilde análise, é principalmente a resistência. Há razões secundárias, definitivamente, sim. Mas todas elas não seriam tão significativas quanto a resistência.

Rami G. Khouri:

Nesse contexto, o Hamas tem trabalhado desde 1980 e mantido sua resistência, resistência militar e muitas outras coisas também na sociedade. Eles tiveram experiências com Israel, onde atacaram Israel, e então Israel atacou de volta, e houve cerca de sete ou oito grandes ataques militares de Israel em Gaza por causa da retaliação pelo que o Hamas fez quando disparou foguetes contra Israel.

Nesse contexto, como você os vê, os cidadãos palestinos em Gaza ou em outro lugar, mas especialmente em Gaza, respondendo à dor que é infligida pelos israelenses quando eles atacam, e ao que [os israelenses] costumavam chamar de "cortar a grama", onde a cada poucos anos eles fazem um ataque massivo, matam alguns milhares de pessoas e destroem muitas coisas, e então sitiam Gaza. E isso aconteceu regularmente, e fez com que a qualidade de vida das pessoas diminuísse gradualmente de forma constante, e agora temos esse grande ataque em Gaza. Como você vê isso impactando a tendência dos cidadãos de culpar ou não culpar o Hamas pela dor que eles estão sentindo?

Ou eles aceitam a dor israelense, dizendo que isso é uma parte inevitável da resistência, que ninguém nunca se libertou da ocupação sem passar por algo assim? Qual é a sua análise sobre a reação dos cidadãos?

Dr. Khaled Hroub:

Sim, eu acho que, primeiramente, precisamos esperar e ver quaisquer pesquisas ou até mesmo eleições, e como as pessoas em Gaza julgariam o que o Hamas fez, e o que o 7 de outubro lhes causou.

No entanto, a julgar pelo que eu ouço de amigos e outros, há um segmento significativo dos palestinos na Faixa de Gaza que culpam o Hamas, em parte, pela magnitude da dor e destruição que eles sofreram e pela excepcional brutalidade inesperada. É um genocídio, no fim das contas.

As pessoas comuns podem sustentar uma guerra por duas, três, quatro semanas, como aconteceu antes, como nas guerras que você mencionou, elas se acostumaram a isso. Por mais brutal que seja, a vida continua, e há essa firmeza, resiliência e altivez de espírito.

Agora, neste caso, é um genocídio. Já se passaram sete meses. Então, você não pode esperar que cada palestino comum, sem ter abrigo e refúgio adequado, perdendo suas famílias, faça qualquer coisa além de gritar bem alto, e culpar todas as pessoas, esquerda, direita e centro, incluindo o Hamas. Eu entendo isso, e eu acho que o Hamas tem que enfrentar e responder muitas perguntas difíceis, e justificar o que aconteceu para muitas pessoas na Faixa de Gaza.

Isso é algo que precisamos reconhecer. Agora, uma parte complementar da resposta é, isso é limitado apenas à Faixa de Gaza. Quando você fala com palestinos fora da Faixa de Gaza, é claro, eles têm a mais profunda simpatia de todos os tempos para com seus irmãos na Faixa de Gaza, mas eles têm uma posição mais calculada e compreensiva quando se trata do Hamas.

E, como você disse, as pesquisas mais recentes em março, seis semanas atrás, indicaram que o apoio ao Hamas na Cisjordânia está alto.[12] Setenta por cento das pessoas justificaram aceitaram o

---

[12] Hroub estava se referindo às pesquisas que o Centro Palestino de Política e Pesquisa Khalil Shikaki havia conduzido em março de 2024. O PCPSR [sigla em inglês] posteriormente liberou os resultados de outra pesquisa, conduzida em junho. O resumo das descobertas e um link para toda a pesquisa podem ser encontrados no Apêndice 6.

que aconteceu em 7 de outubro, e elas colocaram isso no contexto mais amplo de resistência à ocupação e ao sistema colonial na Palestina. Os palestinos, dependendo da geografia e do eleitorado com quem você fala, têm opiniões diferentes e variadas.

Mas, quando se trata das pessoas em Gaza, acho que a dor está além da imaginação, e a destruição e a escala da brutalidade levaram muitas delas a simplesmente sair e culpar novamente a situação, a ocupação e até mesmo o Hamas.

Rami G. Khouri:

Dado o seu conhecimento da história moderna do Hamas nas últimas duas ou três décadas, ele passou por isso várias vezes, onde a destruição acontece, as pessoas sofrem, e então ainda está lá, e [Israel] tem que lidar com isso.

Como você prevê que o Hamas pode tentar, se, uma vez que o ataque genocida de Israel acabar: você vê algum sinal de como o Hamas pode operar para reconquistar a confiança das pessoas e tentar continuar a estar em um papel de liderança governamental, talvez com outros? Nós temos algum sinal disso?

Dr. Khaled Hroub:

Acho que sim. O Hamas não apenas sinalizou como, de fato, disse publicamente e em linguagem clara que não está interessado em governar a Faixa de Gaza exclusivamente. O que queria, como foi dito, é uma coalizão palestina, se preferir, liderança governamental, um processo coletivo de tomada de decisão palestina que tomasse não apenas a Faixa de Gaza, mas que isso deveria ser unido à Cisjordânia também.

Isso foi colocado na mesa. Mesmo antes de 7 de outubro, eu poderia dizer que havia alguns sinais de fadiga no Hamas lidando com cada detalhe na Faixa de Gaza. Este é um movimento de resistência que se encontrou desde 2007 comandando o governo, talvez contra seus planos iniciais. Então, eles tiveram que lidar com este estranho sistema de, por um lado, resistir, e por outro lado, governar a Faixa de Gaza, eu não diria sob o sistema de Oslo, mas de uma forma ou de outra conectado a ele. Porque este sistema, a Autoridade Palestina que criou, digamos, a Lei Básica, que criou tantas regras e ministérios, emanou do sistema de Oslo.

Então, houve alguma estranheza em ter o Hamas no poder, e isso foi expresso por muitos de seus líderes. E por isso, eu acho, talvez depois do genocídio – espero que acabe logo! – podemos ter alguma nova fórmula criativa, de acordo com a qual o Hamas está lá, tão influente, talvez tão poderoso quanto antes, mas não necessariamente assumindo a liderança. Nos bastidores, ele tem seu poder, sua influência, seu pessoal na liderança; mas novamente, não tendo tudo para si, mas compartilhando o fardo com os outros.

Rami G. Khouri:

Obrigado. Vou passar a palavra para Helena.

Helena Cobban:

Isso, na verdade, leva muito bem à nossa próxima pergunta, que é: você pode falar mais sobre as relações entre, de um lado, o Hamas e seus aliados, e do outro, o Fatah e seus aliados?

O atual impulso do Hamas para ser incluído em um órgão nacional maior, a OLP, tem alguma chance de sucesso?

Dr. Khaled Hroub:

Sobre as relações do Hamas com seus aliados, deixe-me começar no nível palestino. A posição do Hamas e as relações com todos os partidos palestinos ficaram mais fortes durante esta guerra genocida. Pensando no espectro interpalestino da direita, esquerda e centro, as relações do Hamas realmente parecem ser muito fortes. A única exceção, no entanto, é com o Fatah. E com o Fatah, precisamos falar sobre dois Fatahs: o Fatah, oficial, que é liderada atualmente pelo presidente palestino Mahmoud Abbas, visto por muitos palestinos como apenas um funcionário da ocupação israelense. Basicamente, eles são parte do sistema de segurança, ou para proteger os assentamentos israelenses e fazer o que for ditado a eles pelos mestres coloniais israelenses.

O outro Fatah é a original, nacionalista, que está em grande desacordo com o Fatah oficial. Esses desacordos às vezes aparecem na superfície, às vezes são suprimidos, enquanto ainda estão fervendo, mas eu acho que algo, eventualmente, vai acontecer. As relações do Hamas com esse outro Fatah, são quase muito boas, e, de fato, podemos ler isso na insistência do Hamas em libertar Marwan al-Barghouthi, o líder do Fatah que segue na prisão nos últimos vinte anos, e o Hamas o colocou no topo da lista de prisioneiros que o movimento quer libertar. Então, esse é um líder do Fatah, e ele tem seu próprio eleitorado dentro do Fatah, e até fora dele. O Hamas, até onde eu sei, faz essa grande diferenciação entre esses dois grupos.

Isto é no nível palestino. No nível regional, bem no começo, se pensarmos em quem são os aliados do Hamas na região, pensamos no Hezbollah, Irã e os Houthis. Especialmente com Irã e Hezbollah, talvez nas primeiras duas ou três semanas da guerra, alguém podia sentir alguma desarmonia, porque como sabemos agora, o Hamas conduziu os ataques de 7 de outubro sem nenhuma consulta prévia.

Foi planejado individualmente, projetado, orquestrado e então implementado pelo Hamas. Isso parece ter de alguma forma irritado o Irã e o Hezbollah. Isso é muito importante. [Eles acham que] se estamos dentro do mesmo Eixo de Resistência, deveríamos ter sido notificados com antecedência ou considerados, de alguma forma.

No entanto, essa desarmonia que durou as primeiras três, quatro semanas, acabou. E posso dizer que agora há mais políticas e arranjos harmoniosos, que é possível ver entre o que o Hezbollah está fazendo no norte da Palestina, o que o Hamas está fazendo e o que o Irã está fazendo. Há mais organização.

Então, dependendo disso, eu diria que as relações do Hamas com esses principais aliados e os Houthis – esqueci de mencionar os Houthis do Iêmen também. É possível ver que as relações com esses partidos se fortaleceram com o passar do tempo.

Helena Cobban:

Isso levanta algo realmente interessante, outro ponto de contraste com o Isis. Não é possível imaginar o Isis entrando em uma coalizão com nenhuma organização xiita! Todas as minorias na Síria e no Iraque que não eram muçulmanas sunitas eram alvos do Isis, enquanto o Hamas sempre teve relações respeitosas com movimentos xiitas. E às vezes, como agora, tem uma aliança próxima com eles. Essa é outra diferença importante.

Dr. Khaled Hroub:

Helena, deixe-me acrescentar algo a isso, porque eu acho que não aparece no cálculo do Hamas: a identificação sectária ou mesmo a identificação ideológica dos partidos com os quais o movimento se aliaria. Nos dias de Oslo, havia uma aliança chamada Aliança das Dez Facções dentro do cenário palestino: todos eles palestinos contra os Acordos de Oslo, do Partido Comunista Palestino à Frente Popular (o partido marxista); então, a maioria deles, exceto o Hamas e a Jihad Islâmica, estavam na política de inclinação à esquerda.

O Hamas não se importava, se eu estivesse me aliando a você, se você fosse secular, marxista ou comunista. O principal era a posição política, se era com ou contra a resistência, com Oslo ou contra Oslo.

Helena Cobban:

Esse é um ponto muito importante. Quero dar continuidade a essa questão das relações entre Fatah e Hamas. Nós vimos que havia delegações dos dois movimentos, que foram para Moscou em fevereiro e estiveram em Pequim. E, obviamente, cada um desses dois governos estrangeiros muito distantes estavam tentando fazer o que podiam para reconciliar as diferenças e reunificar a OLP. Você vê alguma intervenção externa como essa tendo sucesso na reunificação da OLP?

Dr. Khaled Hroub:

Em teoria, deveria funcionar. Porque se você tem países de peso como Rússia, China, intervindo e tentando ajudar, alguém imaginaria que os palestinos com seus diferentes grupos e movimentos ouviriam e chegariam a algum tipo de acordo. No entanto, infelizmente, acho que a restrição está em Ramallah, com o próprio Mahmoud Abbas, mesmo pessoalmente, e seu gabinete. Ele não acredita – não apenas em unificar o movimento nacional palestino; mas ele sequer está disposto a fazer algo para unificar o Fatah, seu próprio movimento! Ele não está disposto a reformar a OLP sem o Hamas, [mesmo] colocando o Hamas e a Jihad Islâmica de lado. A OLP está congelada e não está fazendo nada.

Onde está a OLP? A OLP é a legítima e oficial representante dos palestinos. Supostamente, esta é a instituição que pode até cancelar todo o sistema de Oslo. Ela está acima da Autoridade Palestina.

Ela se tornou marginalizada, reduzida a talvez uma nota de rodapé na Autoridade Palestina. Temos o Conselho Nacional Palestino: este é o Parlamento Palestino, se preferir. Onde está o

Parlamento Palestino? Quem está responsabilizando Mahmoud Abbas e esta autoridade?

Então, eu acho que, infelizmente, a Autoridade Palestina copiou o sistema autoritário que existe aqui e ali no mundo árabe, ou mesmo além. E há relutância naquele canto para fazer qualquer coisa. Todas as facções palestinas, sem nem mesmo incluir o Hamas, estão exigindo mudanças, eleições, qualquer tipo de legitimidade.

Helena Cobban:

Exigindo o fim da ocupação, pelo amor de Deus!

Dr. Khaled Hroub:

Exatamente. Porque essa é a questão principal. E ainda assim, há um tipo total de rejeição a todas essas demandas. Então, infelizmente, todos esses eventos e tentativas de unir o Hamas e o Fatah e outras facções, acabaram em fracasso total por causa disso. Porque temos esse bloqueio.

Rami G. Khouri:

Então, Khaled, você e outros estudaram e escreveram sobre a ala política e a ala militar do Hamas, que sempre existiram junto com os serviços sociais e outras alas. O que é que você entende de seus estudos e sua pesquisa sobre a tradição do Hamas começar a dizer que só atacaria locais militares israelenses e que só realizaria ataques em Israel ou Palestina, Palestina maior, Palestina histórica, seja lá o que for?

Isso mudou ao longo dos anos e o Hamas começou a atacar civis, o Fatah e outros também com homens-bomba. E você escreveu que o Hamas tentou várias vezes chegar a um acordo com os israelenses de que não atacariam, exceto alvos militares; e você diz que os israelenses sempre se recusam.

Esclareça para nós a atitude do Hamas em atacar ou não alvos civis e suas tentativas para chegar a um entendimento com Israel sobre isso para o benefício de todos os civis.

Dr. Khaled Hroub:

Vamos voltar para meados da década de 1990. Talvez a maioria do público se lembre da onda de ataques suicidas que foi liderada pelo Hamas e pelo movimento Jihad Islâmica na Palestina e até mesmo seguida pelo Fatah e outras organizações.

Tudo isso começou como uma resposta à matança de civis palestinos por colonos israelenses. Israel não fez nada aos perpetradores, exceto construir santuários para eles, especialmente aquele na Mesquita Abraâmica, *al-Masjid al-Ibrahimi* em Hebron. Agora, exatamente após esse crime, o Hamas retaliou com dois ou três ataques e, em 1994, emitiu uma declaração afirmando que estavam mais do que dispostos a neutralizar os civis de ambos os lados e que aceitavam ser alvos de Israel como uma organização militar, desde que pudessem responder da mesma forma. Nós apenas direcionamos nossas operações para um alvo militar e nesse caso, todos os civis são basicamente poupados de ambos os lados.

Israel respondeu com ataques pesados contra todos os civis em Gaza e desde então, de vez em quando, talvez a cada dois ou três anos, o Hamas faria o mesmo, emitiria um comunicado dizendo que estamos oferecendo isso para neutralizar civis, sem nenhuma resposta do lado do governo israelense. O que levou a esse ciclo de matar civis do lado palestino, dez vezes mais do que estava acontecendo do lado israelense; e eu escrevi em algum lugar na minha pesquisa que a proporção de civis palestinos mortos por Israel em comparação com os civis israelenses mortos pelo Hamas e todas as facções palestinas varia entre um a cerca de quinze a vinte, depende. Para qualquer civil israelense morto, você tem quinze civis palestinos mortos e ainda assim toda a conversa, a mídia, o burburinho, só se fala sobre os palestinos matando civis israelenses porque eles não têm a mesma mídia, eles não têm a mesma influência por muitas razões. Então, isso deve ser observado, de fato, e mantido em mente.

Outra coisa, quando você mencionou a ala militar do Hamas, desde o primeiro dia, eles disseram que nossa estratégia é não fazer nenhuma operação militar, exceto na terra histórica da Palestina. Este é o campo de batalha. [Eles disseram:] Nós aprendemos a lição com outras facções palestinas nas décadas de 1960 e 1970, quando conduziram algumas operações militares na Europa aqui e ali para atrair atenção e havia alguma lógica por trás dessas operações, mas achamos que o balanço mostra que foi uma derrota. Então, não faremos isso e desde então e até agora – estamos falando de 37 anos da vida política do Hamas – eles não fizeram nada fora da Palestina histórica.

Helena Cobban:

Essa é outra distinção entre o Hamas e o Isis. O Isis e a Al-Qaeda são mais conhecidos por seu tipo de alcance e conjunto global de operações.

Rami G. Khouri:

No contexto dessa explicação e do legado, como você vê o ataque de 7 de outubro? Você escreveu em um de seus artigos recentes que, "o Hamas tentou a sorte". Isso foi, na sua opinião, um movimento desesperado que eles apenas pensaram que fariam algo e veriam o que aconteceria ou foi muito calculado, eles sabiam que seriam atingidos com muita força pelos israelenses? Como você avalia isso?

Dr. Khaled Hroub:

Com base na minha análise e no que reuni de declarações e entrevistas com líderes do Hamas, o que foi planejado foi uma operação em pequena escala visando sequestrar um grupo de soldados, não civis, levá-los para a Faixa de Gaza em uma operação muito rápida e então fazer uma troca de prisioneiros.

Isso foi além do que foi calculado, por isso houve despreparo para o que veio de Israel mais tarde. O que eu escrevi neste artigo que você mencionou foi, "às vezes o custo do sucesso se torna muito alto". E eu segui algum tipo de padrão, e mencionei três ocasiões principais dentro da história do Hamas, onde eles se surpreenderam, assim como outros se surpreenderam, com seu próprio sucesso. E não conseguiram lidar com esse sucesso, porque no contexto regional, nem mesmo um único país na região aceitaria o Hamas fazendo isso e saindo impune.

E sobre as três ocasiões que mencionei, a primeira foi em 2006, a vitória nas eleições palestinas. Eles não planejaram vencer as eleições. Ironicamente falando, isso pode ser contra a lógica de concorrer a qualquer eleição. Você concorre a eleições para vencê-las. Mas o Hamas concorreu a essas eleições para se proteger da chamada, naquela época, "guerra ao terror", e o Hamas foi um dos grupos incluídos nessa lista. Então pensaram em se antecipar a isso, qualquer movimento contra eles, seriam protegidos ao se tornarem parte do sistema político e parlamentar, o componente do sistema que foi eleito pelo povo, não parte do governo, não parte da Autoridade Palestina.

De qualquer forma, eles ganharam as eleições, e isso foi uma vitória muito grande. Eles não conseguiram lidar com isso, e nós sabemos o resto da história, é claro. Israel, Estados Unidos, Egito, e europeus também, concentraram seus esforços para frustrar o governo e a posição de poder do Hamas.[13] A segunda ocasião foi quando eles controlaram toda a Faixa de Gaza militarmente em 2007, um ano depois disso, e novamente, isso não foi planejado. O plano era punir o aparato de "segurança preventiva" [alinhada com o Fatah e treinada pelos Estados Unidos] que estava tentando trazer o caos e desestabilizar a Faixa de Gaza e provar e expor o Hamas como uma entidade fracassada no governo.

Quando eles tentaram punir e depois silenciá-los, descobriram que todo o aparato de segurança [pró-Fatah] na Faixa de Gaza era muito fraco, destreinado e despreparado, e simplesmente fugiram. De repente, dentro de alguns dias, [o Hamas] se viu controlando toda a área. Esse foi outro sucesso militar, mas veio com um custo muito alto, pois todos nós sabíamos das consequências, as guerras sucessivas em Gaza.

O terceiro episódio desses sucessos que eu apontei é o 7 de outubro. Foi um sucesso militar em todos os níveis, e ainda assim era grande demais para ser manejado ou engolido.

Helena Cobban:

As eleições em 2006 e o que aconteceu em 2007, chamo de sucessos catastróficos. É realmente útil que você tenha colocado tudo isso junto nessa categoria. O que eles conseguiram, obviamente, em 7 de outubro, foi não apenas a queda de vários comandos militares locais, mas a destruição de todo o conceito estratégico de Israel. Ainda estamos vendo as consequências disso, e não sabemos como vai acabar.

Noto que o exército do Hamas tem sido muito resiliente. Os israelenses continuam falando "oh, nós destruímos dezoito batalhões", como se o exército do Hamas lutasse em batalhões, como os Estados Unidos na Europa Central. Mas eu assisto, por

---

13 Leia mais sobre isso no artigo de 2008 de David Rose listado na Bibliografia.

exemplo, toda semana na Electronic Intifada, na transmissão ao vivo deles, a análise militar que Jon Elmer produz. E se as pessoas aqui não veem isso, elas deveriam assistir a alguns episódios.

Os combatentes do Hamas são bem organizados, eles têm grandes estoques de vários tipos de munições que eles mesmos produziram na Faixa de Gaza ao longo de dez ou doze anos. E eles têm muito mais resiliência do que eu, e acho que a maioria das outras pessoas, pensava que eles teriam.

Meu amigo, o embaixador Chas Freeman, disse que 7 de outubro parece a Ofensiva do Tet, onde os norte-vietnamitas foram incrivelmente bem-sucedidos por um tempo, eles quebraram o conceito francês de sua estratégia na Indochina. Então virou algo muito catastrófico para os norte-vietnamitas, mas isso levou ao colapso ao longo do tempo do poder ocidental na Indochina. Foi uma observação muito astuta.

E estamos no meio disso. É muito difícil assistir a isso, assim como foi difícil assistir ao que estava acontecendo com os civis do Vietnã do Norte e do Sul durante aqueles anos da década de 1970. Mas foi resolvido somente quando o governo dos Estados Unidos concordou e percebeu que precisava conversar com a oposição. Então essa é em parte o motivo pelo qual estamos fazendo esse projeto.

Rami G. Khouri:

Saindo dessa situação, todo mundo está discutindo em algum tipo de vácuo, o que vai acontecer a seguir, o "Dia Seguinte", quem vai governar Gaza, quais são as ligações entre Gaza e o resto da Palestina. Tudo isso é especulação agora. Mas tivemos um líder do Hamas, Khalil al-Hayya, fazendo uma declaração de que o Hamas estaria preparado para viver ao lado de Israel em uma configuração de dois Estados. Ele não disse que eles reconheceriam Israel, mas disse que eles existiriam pacificamente com

Israel, e que se isso acontecesse não haveria mais necessidade da ala militar do Hamas.

Como você interpreta esse tipo de declaração? E não é novidade, eles já disseram coisas assim algumas vezes antes.

Dr. Khaled Hroub:

Sim, deixe-me adicionar algumas modificações. Acho que o que foi mencionado por Khalil al-Hayya e outros líderes do Hamas, é dizer nós aceitamos um Estado palestino dentro das fronteiras de 1967. E eles dizem que essa fórmula é diferente da chamada solução de dois Estados.

Eles dizem, nós aceitamos um Estado palestino porque este é um consenso palestino. Esta é uma maneira de trazer todos os palestinos para uma plataforma política. Se a ideia original do Hamas, do Mediterrâneo ao rio Jordão, enfrenta desacordo, e se a OLP, Fatah, têm seus compromissos aqui e ali: ok, nós concordamos com o princípio de um Estado palestino dentro dessas fronteiras sem reconhecer Israel. E eles continuam insistindo, dizem que isso é totalmente diferente de dizer que concordamos com uma solução de dois Estados. Há um Estado, como se não estivéssemos falando sobre aquele outro.

Então, isso é uma coisa. A outra coisa é que isso já foi mencionado, de fato, no documento de 2017 que o Hamas emitiu de uma maneira para substituir a antiga carta.

Eu chamei isso de a nova carta do Hamas em 2017. E naquela carta estava a personificação do discurso nacionalista do Hamas, onde você vê o palestinismo do Hamas, assumindo uma manifestação totalmente desenvolvida, definindo a territorialidade da Palestina em uma base de Estado-nação, definindo o palestino, quase até mesmo pegando emprestado a definição do palestino da literatura da OLP. E naquele documento eles disseram, claramente, que concordamos com o princípio de um Estado palestino, fronteiras de 1967, porque é com isso que a maioria dos palestinos concorda.

E então ninguém nos acusaria de sermos sem objetivo ou não termos nenhum acordo com todos os outros palestinos. Khaled Meshaal, o líder do Hamas, em um ponto, disse que a ação militar e a luta armada militar não são um fim em si mesmas. Nós, Hamas, não nascemos para lutar para sempre. Temos objetivos, fins, libertação, autodeterminação e emancipação. Se essas coisas forem alcançadas, então, é claro, não há necessidade de luta armada.

E quando as pessoas do Hamas dizem isso, também falam de um Estado com os refugiados retornando para suas casas e com Jerusalém Oriental Árabe como nossa capital. E essas são coisas que os israelenses recusam. Este é o pacote que a comunidade internacional basicamente pensa que tem que ser resolvido e provavelmente negociado em algum momento.

A luta palestina vem acontecendo desde a década de 1920, com força desde 1948, e a versão ou componente do Hamas desde a década de 1980. Agora há duas ou três gerações de jovens que cresceram com o Hamas. Alguns fazem parte dele, alguns são apenas cidadãos que veem o que ele faz. Pessoas no Hamas que são mais jovens, quando digo mais jovens, quero dizer, com menos de 35 anos, e conforme elas se desenvolvem, há algum sinal das gerações mais jovens e do que podemos esperar que o Hamas faça no futuro? Ele vai evoluir de alguma forma? O que você vê? Ou algumas pessoas simplesmente vão desistir e ir embora?

Dr. Khaled Hroub:

Não tenho certeza de como responder, mas aqui estão algumas observações. Uma delas é que, as guerras sucessivas e até mesmo assassinatos contra o Hamas que Israel vem conduzindo ao longo dos anos têm produzido o tempo todo novos jovens líderes.

É possível dizer que o Hamas e a Jihad Islâmica são as facções palestinas mais jovens quando as comparamos com outras por causa disso, porque Israel está atrás deles o tempo todo, e então eles precisam preparar pessoas o tempo todo na reserva só para intervir quando os principais forem assassinados. A ideia de eliminar o Hamas, como se fosse uma nota de rodapé, para mim, é muito absurda, muito boba, porque este não é um grupo alienígena vindo para a Palestina de outro planeta. Isso é produzido de dentro das pessoas. Se alguém perde sua família, se seu irmão ou seu primo ou quem quer que seja é morto, então ele será o próximo a pegar em armas e continuar. Esta é a harmonia geracional.

Posso descrevê-la como o elemento mais coerente no Hamas, quando comparado a qualquer outro Grupo. No Fatah, há essa lacuna muito grande entre a geração jovem vista nas universidades e a geração de Mahmoud Abbas, seu grupo e outros. É enorme. Então, não há esse processo de renovação dentro da Fatah porque ele está bloqueado e congelado. Não há nenhum mecanismo, não há eleições periódicas.

Outra coisa que talvez seja mais reveladora é que o Hamas conseguiu permanecer unificado por mais de 37 anos. E eu fiz algumas pesquisas que me deixam confiante para argumentar que este é o único movimento na Palestina histórica entre o Mediterrâneo e o Rio Jordão que permaneceu unido, intacto, sem nenhuma divisão ou cisão por 37 anos. Nenhum movimento palestino ou um único partido ou organização israelense sobreviveu a esse longo período de tempo sem ser dividido ou enfrentar qualquer cisão. O único partido foi o partido Mapai (Trabalhista) entre 1930 e 1965. Foram 35 anos. Agora, o Hamas os vence. O Fatah, a Frente Popular e qualquer outra organização sofreu diferentes divisões e cisão aqui e ali.

Isso fala sobre a cultura orgânica, a disciplina dentro do movimento. Há algo dentro desse movimento que o torna coerente e unificado. E não é da noite para o dia, depois dessa ou de qualquer guerra, que esse movimento desapareceria. Eles podem mudar sua natureza multifacetada. Empurrariam um dos aspectos para frente, atrasariam outros, mas a perspectiva do que estamos vendo hoje em dia é que, custe o que custar, o Hamas fará parte do cenário político palestino.

Rami G. Khouri:

Nesse ponto, preciso passar a palavra de volta para Helena. Obrigado, Khaled.

Dr. Khaled Hroub:

Obrigado, Rami.

Helena Cobban:

Eu realmente quero agradecer a você, Khaled. E apenas como uma nota de rodapé ao que você estava dizendo sobre a natureza da organização e liderança interna do Hamas, eu gostaria de observar que, como jornalista e pesquisadora, realmente vi uma diferença entre o tipo de normas culturais dentro do Fatah, onde especialmente após a morte de Abu Jihad pelos israelenses em 1988, e a morte de Abu Iyad pelos iraquianos e Abu Nidal em janeiro de 1991, ficou tudo com Arafat enquanto ele estava vivo e todos os outros estavam agindo como cortesãos para ele.

Às vezes eles riam pelas costas dele, mas não era como uma liderança consultiva. Considerando que toda vez que entrevistei líderes do Hamas (o que não faço há alguns anos) havia um grupo deles, era muito colegial, eles cediam espaços uns aos outros, não era nada como ir entrevistar ou estar com Yasser Arafat desse ponto de vista. Então isso sublinha o que você está dizendo sobre que os israelenses podem assassinar este ou aquele, ou dez dos líderes do Hamas, o que eles fizeram no passado.

Mas o movimento continua por causa dessas normas internas de colegialidade. Então sim, obrigado por sublinhar isso para todos nós. E de forma geral, muito obrigado por trazer isso à tona.

Dr. Khaled Hroub:

Helena, posso responder à pergunta ou tentar responder à pergunta: Qual é a diferença entre Hamas e Isis? Porque alguns pontos adicionais podem ser observados aqui. Quando falamos sobre o Hamas, esta é uma organização baseada na nação. Este é um movimento de libertação com um alvo claro, a Palestina. Então, há a dimensão nacionalista, a territorialidade da luta nacionalista está bem definida. É isto: é a Palestina.

Quando você fala sobre Isis ou Al-Qaeda, não há uma base nacional. Esses são grupos que fariam o que quer que fizessem em qualquer lugar, globalmente, sem se definirem em um dado território. Mesmo quando eles tinham o Estado Islâmico, eles o chamavam de Estado Islâmico, não Síria, Iraque ou qualquer coisa. Era muito vagamente definido. E eles esperavam expandir mais e mais. Então, o elemento nacionalista, que o Hamas está muito conectado a esse território, é a diferença definidora entre as duas organizações. Essa organização [Isis] vai a qualquer lugar, e eles podem ir a qualquer lugar onde calhou de estarem, e então eles fariam a jihad, eles fariam o que quer que fizessem, mas sem nem mesmo estarem interessados em ter um espaço territorial bem definido em termos nacionais.

Helena Cobban:

Isso é muito valioso. Muito obrigada. Claro, eu deveria ter perguntado a você e Rami sobre suas opiniões sobre as diferenças entre Hamas e Isis desde o início, mas eu apenas joguei isso aí. Isso tem estado muito na minha mente, e pensei que seria bom para os participantes começarem a pensar dessa forma. Mas muito obrigada pela colocação. E enquanto estamos no tópico da diferença entre Hamas e Isis, eu também gostaria de observar as atitudes em relação às mulheres.

Para mim, isso é muito importante, podemos discutir isso porque temos mais três sessões, o que é ótimo. Mas por hoje, muito obrigado, Dr. Khaled Hroub, por vir e trazer sua experiência de décadas no estudo, o que você fez de uma forma muito objetiva, porque acredito que você não é um membro do movimento. Acredito que no passado, você se descreveu como uma pessoa secular. Mas você é alguém que é capaz de olhar para uma situação e nos dar a análise. Então, muito obrigado por compartilhar isso conosco.

E, obviamente, obrigado, Rami, por ser meu coconspirador neste projeto. Na próxima semana, teremos como nosso especialista convidado, Dr. Joeren Gunning. Acho que sua participação definitivamente nos enriquecerá ainda mais.

CAPÍTULO 3
CONVERSA COM DR. JEROEN GUNNING

Helena Cobban:

Boas-vindas a todos que estão conosco para esta terceira sessão da nossa tão necessária série de webinários do Entendendo o Hamas e Por que Isso Importa.

Meu coapresentador aqui é Rami G. Khouri. E nosso especialista convidado hoje é Jeroen Gunning, um talentoso professor, pesquisador e pensador que está no corpo docente do King's College London. Em 2007, Jeroen publicou um livro fantástico sobre o Hamas, e ele foi um dos cofundadores de todo o campo acadêmico de estudos críticos sobre terrorismo.

É bom ter vocês conosco, Rami e Jeroen.

Jeroen Gunning:

É muito bom estar com vocês. Obrigado.

Rami Khouri:

Obrigado, Helena, obrigado a Jeroen por ser nosso convidado especial hoje. Começamos esta série sem o objetivo de defender ou atacar o Hamas, mas simplesmente entender melhor o que ele representa e entender por que isso importa. Como você sabe, a situação em Gaza e Israel repercutiu em todo o mundo. É algo bastante extraordinário e pode impactar a eleição presidencial nos Estados Unidos. Então, esta é uma questão muito importante no momento. E precisamos entender quem são essas pessoas a partir de todas as perspectivas.

O governo israelense é igualmente complexo, assim como os líderes estadunidenses. Então, Jeroen, minha primeira pergunta para você é: por que importa que entendamos o Hamas? E qual é o principal ponto que você pode levantar? Há muitos pontos que discutiremos, mas o que, exatamente, é a coisa principal que se deve entender sobre o Hamas, na sua opinião, com base em seus estudos? E então entraremos na questão dos estudos críticos sobre terrorismo, um campo que você ajudou a coestabelecer e como isso se relaciona com o Hamas.

Jeroen Gunning:

Obrigado, Rami, e obrigado por este convite para falar sobre entender o Hamas. Começando com esta questão sobre por que importa que entendamos o Hamas, eu diria que importa porque informações falsas e desinformações foram deliberadamente usadas para justificar a guerra genocida de Israel em Gaza e seu objetivo declarado de erradicar o Hamas a todo custo. Então, se você simplesmente comprar isso sem crítica, estará ajudando toda a narrativa que apoia este ataque extraordinário a Gaza e às vidas em Gaza.

Além disso, acho que importa porque a desinformação se espalha muito facilmente. As pessoas no Norte Global ou no Ocidente geralmente sabem muito pouco sobre o Hamas, ou mesmo detalhes de como é viver sob ocupação por 57 anos, o que é apenas seis meses a menos do que a minha idade, e sob um bloqueio internacional por dezessete anos. Por exemplo, alegações como a de que os combatentes Qassam, a ala militar do Hamas, decapitaram quarenta bebês foram centrais para a estratégia de Israel de representar o Hamas – e por extensão os moradores de Gaza que votaram no Hamas – como subumanos e, portanto, não dignos de direitos humanos.

Mas acho que o fato de essas alegações terem sido aceitas tão prontamente e sem crítica na mídia ocidental também mostrou que os preconceitos orientalistas e islamofóbicos, assim como o racismo antiárabe, ainda estão muito vivos e presentes. Essa é uma das razões pelas quais isso importa. Quero dizer, importa, por exemplo, se os combatentes Qassam pretendiam matar civis, incluindo crianças, importa se o Hamas está disposto a fazer concessões e se ater a elas quando a luta cessar.

Também importa se o Hamas tem apoio popular e se voltaria a participar das eleições. Todas essas coisas importam tanto para avaliar o que aconteceu quanto para olhar para o futuro. E eu diria também que entender o Hamas importa porque, se você entende seu relacionamento com a sociedade palestina e outras facções políticas, se você entende a história da limpeza étnica, da desapropriação, ocupação, bloqueio, guerras, etc., você sabe que erradicar o Hamas exigiria um genocídio total, porque a maioria dos palestinos apoiaria as ações do Hamas, apesar da resposta genocida de Israel.

Agora, o governo israelense pode não se importar com isso neste estágio, pelo menos não parece. E, de fato, algumas facções [israelenses] parecem acolher o genocídio, pois parecem ter como objetivo apagar a população palestina e reivindicar a terra para Israel. Mas para a comunidade internacional isso deve importar, ainda mais se a Corte Internacional de Justiça decidir que as ações de Israel não equivalem apenas a um genocídio plausível, mas a um genocídio real.

Resumidamente, isso importa de muitas maneiras. Só mais duas coisas. Acho que também é importante entender o que aconteceu do lado israelense.

Por exemplo, é importante saber se as forças armadas israelenses mataram um número significativo de seus próprios cidadãos em 7 de outubro, como inúmeros relatórios e relatos de testemunhas oculares têm argumentado,[14] porque isso muda a narrativa do que aconteceu em 7 de outubro. É importante saber se Israel está ou não tomando todas as precauções para minimizar a morte de civis em Gaza. E eu diria que, no momento, o número de civis relatados mortos e os tipos de munição usados em bairros muito densos sugerem fortemente que Israel não está tomando essas precauções.

Finalmente, acho que a opinião palestina importa. Importa o que os próprios palestinos pensam. Muito do debate internacional é sobre o que Israel, os Estados Unidos ou a União Europeia acham aceitável e o que pretendem para os palestinos. E acho que isso destaca o quanto das atitudes da era colonial ainda parecem ressoar com as elites políticas no Norte Global. E nessa narrativa diz que os palestinos têm permissão para ter seu próprio Estado somente se o governo for composto por tecnocratas dóceis que cumpram as ordens de Israel e dos Estados Unidos. E essa é uma lógica muito paternalista, de estilo colonial, assim como a violência do Hamas deve ser entendida como violência anticolonial.

E provavelmente retornaremos a esse tema dos ecos coloniais mais tarde.

Rami Khouri:

Você é cofundador do campo de estudos críticos sobre terrorismo. E você disse que seu trabalho sobre o Hamas influenciou a criação desse campo. Qual é a relação do seu trabalho sobre o Hamas com o campo de estudos críticos sobre terrorismo? E o que isso significa?

---

14 Leia mais nos artigos de Max Blumenthal e Yaniv Kubovich citados na Bibliografia.

Jeroen Gunning:

Os estudos críticos sobre terrorismo foram lançados como um campo acadêmico em meados dos anos 2000, na verdade, em resposta ao 11 de setembro e à virada para uma narrativa de terrorismo, quando sentimos que o termo terrorismo é analiticamente inútil. Ele não explica muita coisa. E tem consequências desastrosas politicamente.

Só para dar alguns exemplos, e todos eles se aplicam ao Hamas, tanto no contexto atual quanto no contexto de quando eu estava estudando o Hamas no final dos anos 1990 e início dos anos 2000. A narrativa do terrorismo despoja a violência de seu contexto histórico e político. Ela é retratada como algo que surgiu do nada. E deslegitima qualquer um que busque contextualizar essa violência como alguém equivocado na melhor das hipóteses ou um amante de terroristas, na pior. Lembre-se da raiva do embaixador israelense com a declaração do secretário-geral da ONU Guterres de que a violência do Hamas não surgiu do nada. E isso minou completamente a narrativa israelense de que isso era apenas uma história de pessoas más fazendo coisas más, em vez de haver um contexto para essa violência.

Há uma razão para o Hamas ter feito isso. Não digo isso para tolerar os crimes de guerra que foram cometidos, mas você precisa entender esse contexto. E voltaremos a isso.

Em segundo lugar, a narrativa do terrorismo significa que não há solução política. Há apenas uma solução militar ou de policiamento de vigilância. Por exemplo, no caso de Israel, permite-lhe negar qualquer abertura política do Hamas, dizendo que ela seria desonesta, porque terroristas não podem mudar dentro desse paradigma.

E corta qualquer possibilidade de resolver o conflito politicamente. Então, só há uma solução militar, erradicação total, o que para um movimento de base como o Hamas, que tem muito apoio, significa ter que cometer genocídio para atingir esse objetivo.

Entre aqueles que praticam negociações de paz, está bem estabelecido que o termo "terrorismo" dificulta a possibilidade de negociação. Por exemplo, o governo das Filipinas se recusou a rotular a Frente Moro de Libertação Islâmica como terrorista, embora houvesse uma enorme pressão dos Estados Unidos para fazê-lo, porque reconheceram que a solução militar era impossível e que seria necessário negociar.

Uma última coisa, acho que o terrorismo reduz um movimento muito complexo como o Hamas a uma dimensão. Tudo diz respeito à violência. Também é retratado como ilegítimo e bárbaro. Mas, como sabemos, inclusive pelos seus podcasts anteriores, o Hamas não é apenas violência, ele surgiu da Irmandade Muçulmana Palestina, que há muito tempo se opôs à resistência e se concentrou no bem-estar da população e na pregação, e o Hamas já participou de eleições. E acho que o importante aqui é que [o foco no terrorismo] elide o direito de resistir.

Sob resoluções da ONU e leis internacionais, os palestinos têm todo o direito de resistir violentamente à ocupação. Consta nas resoluções da ONU: resistir à ocupação e lutar pela independência por qualquer meio disponível. Claro, esse direito é limitado pelas obrigações dos combatentes de não prejudicar civis, e qualquer ataque intencional a civis constitui um crime de guerra. Mas o rótulo de terrorismo reduz toda violência a violência ilegítima e bárbara, até mesmo a violência contra soldados israelenses. E isso serve não apenas ao propósito de desumanizar o outro lado, mas também de obscurecer qualquer barbárie feita pelas próprias forças armadas de Israel em resposta.

Este é, novamente, um legado colonial. Os britânicos usaram este termo nas colônias, por exemplo, na Índia e no Egito, para deslegitimar movimentos anticoloniais e quaisquer atores não estatais que pegassem em armas. E também o usaram para legitimar sua própria violência estatal, em geral similarmente extrema, contra movimentos anticoloniais.

Portanto, é necessário ver isso como parte de um tipo de eco colonial que está acontecendo aqui. Então, essas são algumas das percepções que os estudos críticos de terrorismo trariam.

Helena Cobban:

Eu acho que isso é muito útil. Jeroen, eu sou um pouco mais velha que você. Eu cresci na Inglaterra nas décadas de 1950 e 1960, na era da descolonização, onde quem lutava pela liberdade de organizações como os Mau Mau eram rotineiramente desumanizados e demonizados. Eu lembro de ter muito medo dos Mau Mau, por tudo que as pessoas me contavam. E então, de repente, os britânicos decidiram que não poderiam mais ficar com o Quênia. E de repente há pessoas que são muito próximas dos Mau Mau que estão comandando o governo independente queniano e apertando a mão da rainha.

É um fenômeno particular da violência colonial tardia, essa desumanização e implantação das acusações de terrorismo. E apenas uma outra experiência que tive e que acho relevante é o grau em que, quando cheguei aqui pela primeira vez aos Estados Unidos em 1982, a OLP era demonizada e condenada ao ostracismo. E havia razões: eles usaram violência contra atletas nas Olimpíadas de Munique em 1972. Havia razões para se preocupar com o tipo de violência que os grupos da OLP usavam.

Mas, finalmente, [os israelenses e os estadunidenses] decidiram que a OLP tinha que se envolver nas negociações, e isso levou a Oslo. (O que criou seus próprios problemas.) Mas é sempre um rótulo muito politizado e especificamente colonial que é colocado nas pessoas. Então, obrigada por explicar isso.

Você falou sobre como rotular pessoas como terroristas impede as negociações e é frequentemente usado especificamente para esse fim. Mas, como discutimos antes aqui na série de webinários, o Hamas esteve envolvido em várias negociações. Eu gostaria de saber se você poderia falar um pouco sobre as negociações do Hamas, tanto ao longo da história do movimento com vários partidos diferentes, quanto atualmente. Nós agora temos uma situação em que nossa administração aqui nos Estados Unidos está aparentemente tentando fechar um acordo de cessar-fogo e libertação de reféns – com o Hamas – ao mesmo tempo que expressa apoio total à campanha de Israel para destruir o Hamas. Talvez isso seja mais um problema da confusão no pensamento da política externa dos Estados Unidos.

Mas conte-nos sobre a história do Hamas nas negociações.

Jeroen Gunning:

Acho que é uma pergunta muito boa. O Hamas tem um longo histórico de negociar e chegar a acordos e decisões de cessar-fogo. Fez isso, por exemplo, em 1995, apenas alguns anos após ter se estabelecido.

Negociou com o Fatah na preparação para as eleições palestinas de 1996, que foram as primeiras sob o processo dos Acordos de Oslo. E concordaram em cessar as operações [violentas] temporariamente, por exemplo, na segunda metade de 1995. Negociaram de forma semelhante um cessar-fogo de curta duração em 2003. E depois novamente, em 2005, na preparação para a segunda eleição nacional em 2006. E isso foi em negociações com o Fatah. E todas as guerras em Gaza desde 2006, e houve muitas, terminaram com um cessar-fogo negociado indiretamente entre o Hamas e Israel e seguido por um período de calma.

Houve negociações de reféns antes, com troca de reféns. E, desde 2006, o Hamas repetidamente procurou negociar um governo de unidade nacional com o Fatah, fazendo concessões cada vez mais significativas, mais notavelmente em 2017. Embora a maioria dessas negociações tenha falhado por várias razões, envolvendo não apenas o Hamas, mas também a intransigência do Fatah e interferência israelense ou egípcia.

Mas eu quero contar a vocês um trecho de uma entrevista que fiz com Ismail Abushanab, que foi um dos três principais líderes em Gaza na década de 1990. Ele foi um dos principais impulsionadores da negociação do cessar-fogo em 2003, antes de ser assassinado por Israel naquele ano. E quando o entrevistei naquela época, ele me disse que tinha aprendido a negociar com israelenses na prisão.

Foi em um bloco prisional em que se tentou melhorar as condições de vida, onde ele era o líder das negociações, e ele teve que negociar com os guardas israelenses. Mas, de forma reveladora, ele também disse que aprendeu lá que os guardas israelenses só estavam dispostos a ceder às demandas se fossem pressionados. Então, somente quando eles entraram em greve, por exemplo, os guardas cederam alguma coisa, mesmo que as demandas envolvessem direitos humanos básicos.

Então, a lição que aprendeu, e você pode debater se essa é a lição certa, mas foi que, portanto, você precisa de violência ou a ameaça de violência para pressionar Israel fora da prisão e levar o país à mesa de negociação. Outra coisa que eu queria dizer aqui é que há um enorme reservatório de experiência dentro do Hamas, embora as negociações internas tenham sido frequentemente contestadas, particularmente com a ala militar, que é tipicamente menos conciliatória e mais maximalista. Mas se o Hamas negocia ou não, ou está disposto a se comprometer, é algo muito influenciado pela oportunidade política e pela estrutura de ameaça que prevalece no momento.

No final dos anos 2000, por exemplo, os líderes do Hamas se envolveram com negociadores suíços e amenizaram sua retórica, apagaram algumas das referências antissemitas de seu website e abandonaram uma decisão de impor o *hijab*, o lenço de cabeça, no tribunal, durante todas essas negociações. Naquela época, os pragmáticos do Hamas estavam enfraquecidos depois que sua vitória eleitoral foi boicotada, mas eles ainda tinham influência. Se você avançar rapidamente, a ascensão dos linha-dura dentro do Hamas nos últimos cinco anos se deve em parte ao fracasso dessas negociações e à recusa de sucessivos governos israelenses e governos ocidentais em responder às aberturas políticas do Hamas e de se envolver com ele.

Penso particularmente na falta de resposta ao seu documento de 2017 de princípios revisados, e depois à Grande Marcha do Retorno, originalmente sem violência, que começou fora do Hamas, mas que ele cooptou. Se as aberturas políticas não levam à mudança, então isso significa que os linha-dura no movimento ganham poder.

Um último ponto sobre as negociações que é realmente interessante desde 7 de outubro, é que o centro de gravidade dentro do Hamas mudou. Após a vitória da liderança de Yahya Sinwar em Gaza em 2017, o centro de gravidade da liderança vem mudando gradualmente, e certamente no início da guerra era muito centrado em Gaza. Avançando rapidamente para as últimas negociações, é possível ver que Ismail Haniyeh, o chefe do birô político no Catar, foi levado de avião para o Cairo para dar seu selo de aprovação para as negociações lá. E é importante que essa liderança externa, que reside no exterior, tem, no geral, estado mais disposta a aceitar um Estado nas fronteiras de 1967 e chegar a acordos.

Também é importante que membros dessa liderança externa tenham indicado que as Brigadas Qassam poderiam ser desarmadas se houvesse um cessar-fogo permanente, o fim do bloqueio e um Estado palestino real. É particularmente intrigante que essa declaração tenha sido feita por Khalil al-Hayya, que fez parte das negociações que encerraram a guerra de 2014 em Gaza, e ele é um membro do birô político. É interessante, em termos do tema colonial, que ele e outros fazem referência a outras lutas colonials, e que os movimentos anticoloniais geralmente depõem suas armas e se convertem em partidos políticos depois de terem conquistado a independência. Então, há um senso claro de que o que o Hamas está fazendo no momento é semelhante a esse tipo de história anticolonial.

Helena Cobban:

Isso é fascinante. Fico feliz que você tenha mencionado a Grande Marcha do Retorno, e concordo com você que ela foi iniciada como um projeto fora do Hamas. E você disse que foi, então, cooptado pelo Hamas. Eu acho que é mais como se o Hamas tivesse adotado o movimento. Bem, talvez cooptar, adotar, seja tudo a mesma coisa. Mas eles deram apoio desde o início. Nunca poderia ter sido organizado com tanta amplitude se o Hamas tivesse se oposto desde o começo.

Jeroen Gunning:

Adotado é provavelmente uma palavra melhor. Eu queria torná-la um pouco mais forte porque parte da ala militar abusou da Grande Marcha do Retorno para introduzir violência no processo, o que não era a ideia original. Mas é interessante que se você olhar os relatórios da B'Tselem, que é uma organização israelense de direitos humanos que documenta mortes no conflito, a grande maioria das pessoas mortas – e mais de duzentas foram mortas em apenas dezoito meses – estavam desarmadas.

Ficou bem claro que era, ainda, uma resposta não violenta, que não levou a nada. O Hamas tentou guerras, tentou fazer concessões com propostas políticas, então há essa marcha, que é uma expressão não violenta de luta anticolonial, e nada disso leva a nada. E isso então prepara o cenário para os linha-dura voltarem e dizerem que temos que nos preparar para uma explosão dramática e violenta.

Helena Cobban:

Para finalizar essa questão das negociações atualmente, você vê isso como uma possibilidade de que haja um cessar-fogo negociado que levará à libertação dos reféns e a ganhos políticos reais para os palestinos?

Jeroen Gunning:

Não sei. Gostaria que fosse o caso. Mas acho interessante que o Hamas, pouco antes da invasão de Rafah, concordou com uma versão do cessar-fogo, com a qual claramente os israelenses não concordaram, então não levou a nada.

Mas nessa versão, até onde entendemos, eles concordaram em cessar fogo, em libertar os reféns em vários estágios, mas todos com base em um cessar-fogo permanente e uma retirada das forças de ocupação israelenses de Gaza. A menos que haja uma disposição para fazer isso do lado israelense, não tenho certeza do que vai acontecer. Porque, no momento, há um governo israelense que é o mais de direita na história de Israel, com um líder, Netanyahu, que é muito dependente das vozes mais extremas de direita em seu gabinete, que estão todas pressionando-o a ser mais linha-dura, a erradicar o Hamas, a apagar completamente os palestinos de Gaza.

Este é um governo [israelense] particularmente extremo, mas também deve ser dito que em termos de ideologia sionista, todo o projeto do sionismo, pelo menos a versão do sionismo que veio a dominar, é limpar a terra para um estado de maioria judaica. Então, acho que é muito simplista dizer que esta opinião se limita a Netanyahu e ao governo. Há mais em jogo aqui. E a menos que isso seja criticado mais diretamente dentro de Israel, não tenho certeza do que vai acontecer.

Rami Khouri:

Deixe-me entrar aqui e perguntar um pouco sobre o ataque de 7 de outubro. Há milhares de pessoas ao redor do mundo especulando, mil razões diferentes, de por que o Hamas fez isso. E claro, nenhum de nós sabe, mas você pode lançar uma luz: o que o ataque de 7 de outubro lhe diz sobre como o Hamas opera?

Eles devem ter esperado uma grande represália porque já passaram por isso várias vezes antes e tiveram milhares de pessoas mortas, muita destruição por ataques israelenses. Então eles sabiam que haveria algo grande vindo em sua direção. O que isso lhe diz sobre a maneira como eles pensam e agem? E vincule isso, se puder, ao processo em andamento – se é que havia um processo – de restabelecer um governo legítimo liderado por palestinos em Gaza e em toda a Palestina.

Você acha que o Hamas espera fazer parte disso? Ou eles sentem que alienaram muitas pessoas, muitas pessoas sofreram e muitas foram embora? Isso prejudica o Hamas?

Eles antecipam isso? Como eles pensam nessas coisas?

Jeroen Gunning:

Muito do que vou dizer é especulativo porque muita coisa permanece desconhecida, pouco clara, ambígua ou contestada.

Eu acho que essa será uma pergunta dolorosa para o Hamas responder em face a esse enorme sofrimento causado aos habitantes de Gaza. Existem vários cenários. Mesmo que o Hamas planejasse sequestrar apenas um grande número de soldados, como se alegou em entrevistas com membros no jornal *Al-Sharq al-Awsat*, eles saberiam que a resposta de Israel teria sido mais brutal do que qualquer coisa já feita antes.

Porque antes eles teriam sequestrado alguns soldados, mas não um grande número. Eu sinto que parece que mais coisa estava em jogo desde o começo. Pelo que foi dito em declarações públicas sobre os ataques terem a intenção de mudar toda a equação política, e também com base na análise do que foi relatado sobre a extensão dos ataques, o número de pessoas envolvidas – as estimativas variam de mil a 3 mil combatentes Qassam – mas também catorze pontos de fuga através da cerca de Gaza, abrangendo toda a extensão de Gaza, do topo até a base. Para mim, isso sugere que o objetivo deve ter sido maior, que era mais do que apenas uma operação de sequestro. Era também para deixar claro que Israel não era invencível, que não era um Estado soberano em seu próprio solo, que Gaza poderia levar a luta até Israel.

Além disso, havia um elemento de espalhar terror, de matar comunidades inteiras. Quero dizer, ouvimos depoimentos de líderes capturados do Hamas que dizem que foram instruídos a matar qualquer um que estivesse à vista. Claro, não sabemos o quanto disso é genuíno, o que eles queriam dizer e o quanto disso foi dito por meio de práticas de interrogatório semelhantes à tortura. Então não sabemos, mas parece que foi mais do que isso.

Se você olhar como os líderes do Hamas falaram sobre querer mudar a equação, para mostrar que Israel não era invencível, que os palestinos não seriam esquecidos no contexto da normalização regional, e falar sobre anexar a Cisjordânia, e colocar um Estado palestino de volta na agenda internacional: parece que havia uma agenda mais maximalista. E isso exigiria uma escalada chocante de violência para mudar a agenda de normalização regional, para colocar o Estado palestino de volta na agenda internacional.

E mesmo que os líderes do Hamas só expandissem a operação quando percebessem o quão fraca era a defesa israelense, eles teriam sabido naquele caso que a resposta de Israel seria extremamente violenta. Mas então eu acho que você precisa colocar isso em contexto. E há três coisas que eu diria. Primeiro, os líderes do Hamas e do Qassam parecem ter esperado que a luta se espalharia para várias frentes, que haveria uma revolta na Cisjordânia, eles chamaram repetidamente por uma terceira *intifada*; que ela se espalharia para o norte com uma resposta muito mais completa do Hezbollah no Líbano do que aconteceu até agora; que haveria mais atividade do Irã, das milícias xiitas no Iraque, dos houthis no Iêmen. E embora todos eles tenham agido, eles realizaram ataques em apoio ao Hamas e aos palestinos, essas ações foram muito mais limitadas do que o Hamas parece ter esperado; e eles também foram bastante restringidos por considerações domésticas.

É possível que o Hamas esperasse que a resposta israelense fosse mais diluída do que realmente foi. Também é possível que o Hamas esperasse que a comunidade internacional pressionasse Israel mais cedo. E aqui, acho que a natureza chocante de algumas de suas próprias ações e a maneira como Israel conseguiu desumanizá-los aos olhos dos governos do Norte, além de obscurecer seu próprio papel na morte de israelenses em 7 de outubro e na criação de condições para os ataques, desempenharam um papel na falta de uma resposta mais contundente da comunidade internacional. Mas eu acho que também é uma acusação da comunidade internacional que ela não manteve a tão alardeada ordem dos direitos humanos, e particularmente em nítido contraste com a maneira como ela respondeu à invasão da Ucrânia pela Rússia. Muitos palestinos sentem que há um elemento de racismo acontecendo, que as vidas palestinas importam menos do que as vidas ucranianas.

E então, finalmente, deve-se tentar entender as ações do Hamas de uma perspectiva anticolonial; eles traçaram paralelos com outras lutas anticoloniais, apontando que milhões de pessoas morreram no curso da libertação, por exemplo na Argélia e no Vietnã. E, na mente deles, o objetivo final da libertação nacional e um Estado palestino vale os sacrifícios feitos hoje.

Muitos discordarão dessa perspectiva. Muitos desses perderam membros da família. E ainda assim é impressionante que em uma pesquisa feita apenas no mês passado, sete meses após o início da guerra em Gaza, 71% dos moradores de Gaza entrevistados disseram que a decisão do Hamas de atacar foi correta, e esse número subiu de 57% alguns meses antes.[15]

Isso remonta à destruição da vida em Gaza desde sua ocupação em 1967, e em particular como a vida se tornou insuportável em Gaza após dezessete anos de bloqueio internacional. Se você pensar em 80% das pessoas vivendo abaixo da linha da pobreza, nenhuma economia viável, desemprego enorme, 5.500 civis mortos entre 2008 e 2023 e a perspectiva de que esse horror continuaria indefinidamente em uma região com relações normalizadas com Israel, de modo que seria simplesmente esquecido e preso nesse horror: é possível entender por que os habitantes de Gaza poderiam apoiar os ataques do Hamas, independentemente da violência infligida por Israel.

O próprio extremismo da resposta de Israel significa que muitos moradores de Gaza colocam a culpa do genocídio em Israel e não no Hamas.

Rami Khouri:

Isso levanta uma questão pertinente sobre o relacionamento do Hamas com o povo palestino, seja em Gaza, seja em toda a Palestina. E é uma questão que está enraizada em uma tradição ocidental muito frequente de dizer que esses são ditadores brutais, eles olham para o que eles [Hamas] fizeram em Gaza quando governaram, eles mataram seus oponentes, eles não deixaram as pessoas falarem livremente, etc. Então, essa apresentação como uma organização ditatorial brutal certamente está ancorada em algumas realidades.

Eles não representam um sistema democrático liberal ocidental. Mas a natureza de, como podemos chamar, sua brutalidade ou seu

---

15 Um resumo dos resultados desta pesquisa pode ser encontrado no Apêndice 6.

governo autocrático: você acha que isso causa um problema para eles daqui para frente? Isso vai criar obstáculos impedindo que, no Ocidente ou em outros lugares, falem com eles, dizendo, "não, não podemos falar com essas pessoas, elas são muito violentas?"

Algumas pessoas até trazem a comparação com o Isis. Claro, eles são muito diferentes do Isis. Mas como você vê toda essa relação da natureza do exercício do poder deles, e seu lugar na sociedade e sua interação com potências estrangeiras? É irônico, todas as potências estrangeiras que os Estados Unidos, por exemplo, em particular demonizaram e chamaram de terroristas, como a OLP, o Viet Cong, o Talibã e outros, acabaram negociando com eles.

Então, o que você vê nesse campo para o Hamas?

Jeroen Gunning:

Isso também remete à sua pergunta anterior, que eu percebi que não respondi, sobre como o Hamas vê seu próprio futuro papel na política. Mas acho que você está certo: há dois elementos, há o cenário palestino e há o cenário internacional. Se você olhar as pesquisas de opinião, o Hamas tem desfrutado de um apoio popular notavelmente estável ao longo dos anos. Ele subiu e desceu nas pesquisas, e essas pesquisas são consideradas rigorosas e precisas. Mas normalmente tem sido entre 20% a 35% de apoio, muito comparável ao do Fatah.

Mas se o Hamas age de uma forma mais democrática ou mais autoritária depende muito do contexto político. E quando havia um processo eleitoral ativo, os representantes eleitos do Hamas eram geralmente mais receptivos às demandas populares do que muitos representantes do Fatah. Na preparação para o cessar-fogo de 2003 e 2005, os líderes do Hamas foram vistos consultando a população em geral para saber se apoiariam, e claramente se importavam com isso. E o fato de que uma maioria significativa apoiou o cessar-fogo em pesquisas de opinião pareceu desempenhar um papel em sua decisão.

Também é importante lembrar que, quando confrontado com eleições nacionais, o Hamas adaptou seu programa por meio de consultas com suas próprias bases e a população em geral. E uma razão pela qual começou a aceitar uma solução *de facto* de dois Estados por volta de 2006 foi porque reconheceu que esse era o consenso nacional. E é interessante comparar isso com a década de 1990, quando ganhou a maioria das eleições sindicais profissionais e estudantis, mas boicotou as eleições nacionais porque disse que era parte do processo de Oslo, com o qual discordavam, e não acreditavam que Arafat daria a eles condições justas.

Naquele ponto, eles enfrentaram um pequeno grupo altamente politizado de eleitores sindicalizados que eram mais propensos a se opor a uma solução de dois Estados e apoiar a violência do que a população em geral na época. Então eles não tinham necessidade de se ajustar, não havia incentivo. Em 2006, por outro lado, eles enfrentaram a população em geral, que era muito mais a favor de uma solução de dois Estados e cansada da violência, e respondeu a isso.

E então há o rescaldo de 2006. Houve toda a preparação para as eleições, que não foram reconhecidas: o Fatah não as reconhece, a comunidade internacional não as reconhece. Junto com isso, o Fatah, encorajada pelos Estados Unidos e outras forças ocidentais, então se prepara para encenar um golpe contra o Hamas.

Isso mudou completamente o incentivo [para o Hamas] participar das eleições, porque a participação não significa nada, claramente. Mas também, os tornou muito mais paranoicos e muito mais autocráticos. E desde 2007, quando expulsou violentamente o Fatah de Gaza neste tipo de luta interna, como uma espécie de golpe preventivo contra o golpe esperado, não tolerou a oposição em Gaza.

E isso, claro, foi extremamente problemático para os moradores de Gaza. Mas eu diria que isso é em grande parte um produto do colapso desse processo eleitoral e dessa guerra interna entre o Hamas e o Fatah, gerando paranoia em ambos os lados. Então depende muito do contexto.

Eu também acrescentaria a isso que, na década de 1990, antes de chegar ao poder, o Hamas havia desenvolvido uma estrutura democrática islâmica muito extensa para a política. Essa é uma das coisas sobre as quais falei em minhas entrevistas com eles, que também me mostraram como é sua tomada de decisão interna, até certo ponto. E muitas das grandes decisões foram tomadas por meio de consulta dentro do movimento, e então não foram impostas por meio de um tipo autoritário de decisão hierarquizada.

Este reservatório de pensamento político ainda está lá, mas foi ofuscado pelo bloqueio e pelas guerras dos últimos sete anos, e a ascensão desta liderança mais linha-dura. Se o Hamas retornará a esse espaço depende de como o sistema político vai evoluir na Palestina.

Eu também diria mais duas coisas. Uma é que o próprio Fatah é profundamente autoritária, mas é aceitável para a comunidade internacional. E foi o Fatah que cancelou as eleições programadas para 2021 porque temia perder para o Hamas. E ainda assim, a comunidade internacional insiste que o Fatah, reformada, de algum modo, deve governar! Claramente, o autoritarismo em si não é um problema [para a comunidade internacional]. É se você concorda ou não com a agenda israelense e estadunidense. E é isso que me leva ao meu ponto final.

Há uma natureza muito neocolonial nesse discurso sobre o Hamas ser ditatorial. Você diz que eles não são democratas liberais. Eu diria que os democratas liberais têm sido cúmplices de muita violência lá fora. Olhe para o Iraque, olhe para o Afeganistão. E a mudança de regime neocolonial, fabricada externamente, nem no Iraque nem no Afeganistão funcionou porque foi imposta de fora por poderes que queriam tecnocratas flexíveis em vez de políticos nacionais com uma base de seguidores.

Então acho que é muito importante devolvermos aos palestinos a decisão sobre quem deve liderá-los. Mas qualquer chance para uma virada mais democrática requer o estabelecimento de um Estado independente e o fim da ocupação.

Como nota de rodapé, eu reiteraria o que Khaled disse semana passada, que o Hamas pediu a libertação de Marwan Barghouthi, que é um dos líderes mais poderosos do Fatah, mas que está preso [pelos israelenses] desde o início dos anos 2000 pelo seu papel na intifada de Al-Aqsa. Barghouthi tem consistentemente aparecido no topo das pesquisas para as eleições presidenciais. E o Hamas sabe que libertá-lo significaria que não ganharia a presidência. Da mesma forma, o Hamas há muito indica que não quer governar sozinho. Na melhor das hipóteses, quer um governo de unidade nacional, ou talvez deixá-lo completamente para outros.

E certamente [o Hamas] também quer se tornar parte da OLP, mas não em termos de rendição, como o Fatah normalmente insiste.

Helena Cobban:

Eu dei uma palestra sobre o Hamas recentemente em uma igreja, e alguém disse, bem, por que eles não organizaram nenhuma eleição desde 2006? Havia um plano para eleições em 2021 que o Fatah abortou.

Essa pessoa não sabia muito sobre a história. Mas acho que também vale a pena lembrar que as eleições são realizadas em um contexto. Muitas pessoas aqui no Ocidente pensam apenas em fazer uma eleição e isso resolverá tudo. Não, as eleições são sempre sobre alguma coisa. A eleição em 2006 foi sobre o

Conselho Legislativo Palestino. Foi sobre muitas coisas, e você sabia no que estava votando. Esse contexto é importante. E quando você menciona o fim da ocupação, ou um alívio significativo da ocupação israelense de Gaza, ou esperançosamente o fim da ocupação israelense sob os auspícios da ONU, então você poderia ter uma eleição livre e justa. E todos saberiam sobre o que é.

Mas a outra coisa sobre eleições é que elas são arriscadas. Se você esteve em uma situação complexa, militante e muito opressiva, quando há uma eleição, você revela quem são seus apoiadores e suas redes, para lutar na eleição. E eles correram esse risco em 2006, e foram massacrados por isso, foram presos de forma ainda pior do que estavam anteriormente. Então, eu acho que seria ótimo ter eleições e que muitas coisas precisam acontecer, incluindo deixar Marwan Barghouthi e milhares de outros prisioneiros palestinos fora da prisão para que eleições livres e justas sejam realizadas. Essas são coisas pelas quais podemos continuar a trabalhar.

Rami Khouri:

Posso apenas intervir e adicionar um pequeno ponto a esta questão de novo: a questão da autodeterminação. Autodeterminação é uma ótima palavra, porque remonta à Liga das Nações. E talvez seja mais fácil de usar do que liberdade ou fim da ocupação ou o que for.

Como o Hamas se relaciona com a autodeterminação? Eles usam muito essa palavra? E o que isso significa para eles?

Jeroen Gunning:

Eles usaram em entrevistas comigo, por exemplo, e sempre dizem, "de onde você é?" E eu digo, "eu sou da Holanda". E eles dizem, "oh, você se lembra da ocupação alemã, vocês queria autodeterminação e a resistência era justificada." Então, eles constroem sua própria experiência.

Certamente nesse sentido, há um pensamento real acontecendo. E isso também está ligado ao que o Hezbollah tem dito no Líbano. É um discurso muito semelhante ao que se ouve sobre soberania. Eles frequentemente falam sobre soberania, mas também sobre autodeterminação por meio da resistência. Não é "soberania, porque a ONU ou a comunidade internacional lhe concede soberania". É ganhar soberania por meio da resistência. Está muito incorporado nisso.

Eu recomendo fortemente a leitura do livro *Decolonizing Palestine* [Descolonizando a Palestina], de Somdeep Sen: ele analisa esse tipo de tensão entre o lado anticolonial do Hamas, como um movimento de resistência, e um governo pós-colonial em circunstâncias muito restritas, mas onde eles têm que policiar a fronteira com Israel e manter a calma. E há essas duas coisas que estão muito em tensão uma com a outra. O elemento anticolonial é muito a ver com soberania e autodeterminação do povo palestino.

Helena Cobban:

Essa foi uma ótima pergunta, Rami. Obrigada. Quero retomar ao que você estava falando sobre violência anticolonial um pouco antes, sobre os argelinos, por exemplo, que agora rotineiramente falam sobre seus 1 milhão de mártires, mas que valeu a pena. E só para observar que há alguns anos, a Just World Books publicou um livro chamado *Inside the Battle of Algiers* [Por dentro da Batalha de Argel], que é o livro de memórias da mulher argelina que colocou a bomba no Milk Bar [em Argel], para infligir aos colonos civis franceses no centro de Argel, como ela diz no livro de memórias, algo como o tipo de dor que os franceses estavam infligindo aos argelinos por 130 anos até então.

Então não são só os palestinos que fazem essas escolhas. Zohra Drif fez isso seguindo as instruções de seu comandante da FLN [Frente de Libertação Nacional, principal grupo de resistência argelina], que tinha tentado várias outras coisas na Casbah. Foi parte de uma campanha deliberada, mas muito mais ampla. E a outra coisa que Zohra Drif estava fazendo durante esse período era organizar as mulheres argelinas em redes de resistência civil não violentas. Não é como uma situação de ou/ou, ou você usa a violência, ou você faz organização de base. Às vezes, os movimentos de libertação nacional escolhem usar a violência de forma direcionada.

Isso me leva à questão das mulheres, que é uma questão que eu realmente quero explorar mais com você, porque você disse que teve algumas experiências muito interessantes com as redes de base femininas do Hamas na década de 1990.

Jeroen Gunning:

Entrevistei várias mulheres que estavam associadas a instituições de caridade afiliadas ao Hamas, com as Irmãs Muçulmanas, que era a contraparte feminina da Irmandade Muçulmana, e também líderes estudantis do Bloco Islâmico Feminino, que é a ala estudantil do Hamas na Universidade Islâmica. Uma das coisas em que eu estava interessado na época era como o Hamas tratava as mulheres. Isso era em parte uma obsessão muito ocidental. Os islâmicos são sempre interrogados sobre atitudes em relação às mulheres! Mas também foi um debate muito vivo na sociedade palestina na década de 1990, com histórias sobre o Hamas forçando as mulheres a usar o *hijab*. E, no geral, houve uma virada conservadora na sociedade onde mais mulheres estavam começando a usar o *hijab*, por razões religiosas, em vez de razões sociais históricas. E o Hamas estava sendo acusado de impor um sistema patriarcal muito conservador.

Uma coisa que me impressionou foi que todas as mulheres islâmicas com quem conversei, incluindo aquelas que eram islâmicas, mas não do Hamas – por exemplo, da Jihad Islâmica ou outros tipos de grupos islâmicos independentes – disseram que o Hamas havia permitido que elas fossem para universidades, que isso permitiu a elas conseguir empregos. Elas eram principalmente de famílias socialmente conservadoras, principalmente de campos de refugiados em Gaza. Mais de 70% da população em Gaza, claro, é de descendentes de refugiados da Palestina histórica, no que hoje é Israel. E essas famílias não teriam permitido que suas filhas fossem para a universidade se não houvesse uma segregação estrita entre gêneros, ou um ethos islâmico estrito. Muitas [dessas mulheres] também receberam bolsas do Hamas e apoio para se tornarem profissionais. Então elas viam o Hamas como um movimento emancipatório e que ia contra a cultura socialmente conservadora de Gaza, embora dentro da estrutura islâmica.

É interessante também que tanto ativistas islâmicas quanto ativistas de esquerda confirmaram que o Hamas era contra o casamento precoce e os assassinatos de honra. Elas disseram que ambas eram práticas não islâmicas; eram um tipo de prática cultural árabe que surgiu e não eram islâmicas e, portanto, não deveriam ser sustentadas. É também interessante nesse contexto, isso foi depois da minha pesquisa, mas em 2006, durante as eleições, o grupo populacional com a segunda maior porcentagem de eleitores do Hamas, 47%, eram donas de casa, de acordo com uma pesquisa de boca de urna.

Quero reiterar algo que Khaled disse na semana passada, que não é útil pensar nisso de forma binária. Porque, por um lado, o Hamas é profundamente patriarcal. Líderes regularmente reiteravam para mim que o papel das mulheres era principalmente o de criar a nova geração. E somente depois que isso fosse resolvido, então as mulheres poderiam trabalhar ou ocupar cargos públicos. E muitos dos líderes com quem falei disseram que o chefe de um Estado islâmico, se isso acontecesse, não poderia ser uma mulher. Eles mencionaram razões biológicas, eu tentei desafiá-los, mas eles não mudaram de opinião.

E porque eles acreditam que Deus ordenou que os homens liderassem, que de alguma forma havia mais razão nos homens, embora eu não saiba bem de onde eles tiram essa ideia. Mas eles não tinham problema com mulheres sendo eleitas para o parlamento ou chefiando ministérios. E de fato, quando foram eleitas, várias parlamentares do Hamas, e mais tarde também ministras em Gaza, eram mulheres.

Também houve, e isso foi realmente interessante, algumas vozes que contradiziam essa narrativa e diziam isso dentro dos círculos do Hamas: que uma mulher poderia liderar um Estado islâmico. E uma delas era Yusra Hamdan, que era a mulher de mais alta patente em um ramo político do Hamas, o Hizb al-Khalas. E ela me explicou que o *Hadith*, os ditos do Profeta, que geralmente são invocados para sustentar a crença de que as mulheres não devem liderar, e isso é "Nunca prosperará um povo que faz de uma mulher sua governante": que isso se referia a um governante persa em particular e não era a intenção de ser uma acusação geral sobre as mulheres como chefes de Estado.

Quando ofereci essa interpretação a um grupo de membros de base do Hamas, seu líder primeiro disse que não acreditava nisso: "Isso não é verdade, o que ela sabe?" Mas então os outros correram para ele e disseram: "Você é médico? Como a doutora Yusra? Você estudou a lei islâmica? Não? Agora você não tem base para sua objeção. Então, se a doutora Yusra disse isso, deve ser verdade." E isso mostra claramente que aqui a educação era considerada uma base superior de autoridade, e não o gênero de alguém.

Quando entrevistei as líderes do Bloco Islâmico Feminino, elas também eram estudantes. Elas disseram que tinham pena de outras mulheres ativistas, pois, na visão delas, as outras mulheres não tinham autonomia por parte de seus colegas homens. E isso incluía, de acordo com elas, a Frente Popular de Libertação da Palestina, ou FPLP. E então elas insistiram que tinham autonomia da liderança masculina e eram deixadas por conta própria. Isso também foi algo que as chefes de instituições de caridade femininas me disseram, que elas poderiam fazer coisas sem a supervisão do Hamas.

Críticos do Hamas contestaram isso e disseram que o Bloco Islâmico Feminino era, como eles disseram, comandado pelos meninos. É interessante que as próprias líderes estudantis islâmicas apoiavam a visão, por exemplo, de que uma mulher não poderia ser chefe de Estado, e aceitaram que os homens tinham o direito de se casar com quatro mulheres, embora odiassem a ideia. Tivemos uma longa discussão sobre isso. Então você pode ver que isso não é uma visão binária. Não é um binário fácil. E também não se encaixa perfeitamente em uma perspectiva ocidental, que tem essas coisas em blocos muito binários.

E também do lado da esquerda, eu diria que não é binário. Eu ouvi de várias fontes que a esquerda também impôs o *hijab* em certos momentos durante a intifada, em termos de respeito pelos mortos e outras coisas. Mas também que na esquerda os direitos das mulheres ficavam constantemente subjugados aos direitos nacionais. E ainda assim, foram mulheres de esquerda que lideraram um debate público na década de 1990 em Gaza sobre a reforma da lei para aumentar os direitos das mulheres. E elas também realizaram sessões de discussão com afiliadas ao Hamas, incluindo Yusra Hamdan, que mencionei antes. Elas discutiam as obras de feministas árabes como Fatima Mernissi, que disse que o *hijab* era na verdade uma coisa histórica contextual, que não deveria ser tomada como uma regra geral.

Alguns líderes do Hamas aprovaram isso e, na verdade, também foram conversar com elas. Outros condenaram esses ativistas de esquerda como se fossem fantoches ocidentais, e estivesem tentando minar o islamismo, e tinham uma visão muito misógina sobre elas. Então, esse tipo de história não é fácil de contar, porque há muitos tópicos complexos ali. Mas certamente não é um ou outro.

Helena Cobban:

Isso é tão interessante!

Só para acompanhar Jeroen sobre as mulheres. É uma coisa bem ampla no movimento nacional palestino, na minha experiência, apoiar ter famílias grandes, porque você tem que substituir todos aqueles que foram perdidos. E isso obviamente coloca um grande fardo nas mulheres. E isso é verdade para as pessoas na parte secular do movimento nacionalista, assim como na parte religiosa.

Passei alguns dias com as mulheres do Hamas em Gaza, não tantos quanto você, mas estive com as mulheres do Hamas por alguns dias logo após a eleição [de 2006]. E tive a chance de entrevistar duas das mulheres recém-eleitas deputadas do Hamas, uma delas era Jamila Shanti, que me impressionou muito. Acho que ela era a viúva de Abdelaziz Rantisi. E eu a amava porque ela entrava apressada no escritório, com papéis caindo de sua pasta. Ela era responsável por todo tipo de coisa. Ela era uma mulher trabalhadora de excelência e estava no comando de seu ambiente.

(Jamila Shanti foi morta pelos israelenses, acho que em novembro, talvez no final de outubro. E provavelmente um alvo de assassinato, até onde eu entendo.)

Uma das outras coisas que fiz foi ir com algumas mulheres do Hamas para um dos jardins de infância deles. E fiquei impressionada com o nível da pedagogia, porque eu tinha essa ideia de que a pedagogia muçulmana para crianças pequenas era toda formada por algum tipo de aprendizagem mecânica. E eles estavam fazendo jogos interativos, danças, jogos de computador e sessões de educação física. E parecia uma pedagogia realmente boa para crianças de quatro e cinco anos. E fiquei impressionada. É preciso ter esses tipos de experiências – e ainda mais o tipo de experiência rica e ampla que você teve, para ter uma visão geral desses movimentos.

Então, continuando, ainda temos algumas ótimas perguntas aqui. Primeiro: quão confiáveis são as várias pesquisas que lemos sobre o assunto que pretendem pesquisar os palestinos, tanto em Gaza quanto na Cisjordânia? E como essas pesquisas são conduzidas? Não tenho ideia de como as pesquisas são conduzidas em Gaza nas circunstâncias atuais. Então, conte-nos mais.

Jeroen Gunning:

Eu também não sei como eles estão fazendo isso no momento, porque toda a estrutura foi destruída. E como você navegaria por isso? O que eu sei é que o centro que é dirigido por Khalil Shikaki na Cisjordânia, o PSR, é internacionalmente considerado como muito rigoroso e confiável. E assim, ao longo dos anos, foi demonstrado que reflete a opinião pública – na medida em que sabemos qual é opinião pública – razoavelmente bem. O que é interessante é que eles não previram a vitória do Hamas em 2006, assim como as pesquisas de opinião não previram a vitória de Trump ou a vitória do Brexit no Reino Unido. Então, nesse sentido, acho que eles estão em muito boa companhia...

Mas, na verdade, o que o Hamas ganhou não foi tão distante do que eles previram. E uma das coisas interessantes aí, não vou entrar em muitos detalhes, é que o Hamas foi muito estratégico ao colocar cada candidato em cada distrito. Por exemplo, eles calculavam quantos votos tinham. E então, se tivessem cinco assentos possíveis, eles colocariam apenas três candidatos, se achassem que concentrariam os votos o suficiente para derrotar o Fatah. Mas o Fatah colocou muitos candidatos.

Helena Cobban:

Sete ou oito. Sim, a forma como eles lutaram na eleição do Fatah [em 2006], foi caótica.

Jeroen Gunning:

Se você olhar para a diferença entre Hamas e Fatah em termos de voto nacional, não é tão grande. E então é possível entender por que essa pesquisa de opinião não acertou, porque é uma margem muito pequena. O Hamas jogou muito bem, eles tiveram uma eleição esmagadora, porque concentraram seus votos em alguns candidatos.

Isso é só para dizer que há um histórico de pesquisas sendo muito confiáveis. O que eu não sei é como isso aconteceu em Gaza no momento.

E eu posso imaginar que as pesquisas anteriores [após 7 de outubro de 2023] ainda eram fáceis, porque você tinha uma espécie de parte sul de Gaza que ainda estava operando. Mas agora, particularmente, com Gaza praticamente destruída por inteiro, e tantas pessoas deslocadas, meu palpite é que eles fariam a mesma coisa, mas eles meio que pegam uma amostra aleatória de diferentes áreas. Mas seria necessário repensar como você faz essa amostra. Como não se sabe exatamente onde as pessoas estão, você provavelmente faria com que a ONU e outros lhe dissessem quantos aproximadamente há em um determinado campo de refugiados, e então trabalharia a partir dessa base.

Helena Cobban:

Sim, difícil. Então, há aqui uma questão vinculada de alguém que pergunta: quão difundido é o Hamas na Cisjordânia? E quão intenso é o sigilo deles lá, diante da opressão israelense?

Jeroen Gunning:

O Hamas foi reprimido na Cisjordânia desde 2007, tanto por Israel quanto pelo Fatah. Nesse sentido, é uma organização muito mais fraca na Cisjordânia. O que é interessante, porém, é que esse apoio ao Hamas desde 7 de outubro na Cisjordânia acabou de aumentar.

Acho que foi a pesquisa de dezembro de 2023 que mostrou que o Hamas triplicou [seu apoio] dentro desses dois, três meses. Isso também foi parte da lógica por trás do ataque do Hamas, eles sentiram que a Autoridade Palestina em Ramallah não estava realmente governando a Palestina e refletindo o interesse dos palestinos, que ela havia se tornado uma força de segurança para os israelenses manterem a calma; e muitos palestinos no local sentiram o mesmo. E particularmente quando a Autoridade Palestina começou a reprimir os protestos pró-Gaza na Cisjordânia, então, é claro, isso apenas minou ainda mais a sua legitimidade.

Então há uma queda enorme no apoio ao Fatah na Cisjordânia e um aumento enorme no apoio ao Hamas. Mas o Hamas não tem o tipo de infraestrutura para construir algo sobre isso efetivamente, porque ele teria que se reconstruir. E o Fatah não permitiria isso, pelo menos nas circunstâncias atuais.

Helena Cobban:

Então temos uma pergunta de alguém: como o Hamas se relaciona com os líderes religiosos muçulmanos e que influência essa liderança muçulmana tem no Hamas?

Jeroen Gunning:

Eles [Hamas] os respeitam. Eles vão a conferências internacionais. Mas acho que eles são muito o seu próprio partido.

Lembro-me dos anos 1990, quando eu estava falando, por exemplo, com Ismail Abushanab, de quem falei antes, porque ele era um dos líderes mais francos e acessíveis do Hamas que falava sobre sua lógica e seu pensamento. E ele disse que "se eu, Abushanab, criasse uma política, sou só eu, Abushanab, e as pessoas têm que acreditar na minha palavra. Mas se eu puder encontrar um líder religioso que apoie o que eu digo, se eu vir, por exemplo, [Yusuf] al-Qardawi no Catar, um pensador da Irmandade Muçulmana, então eles pegariam as palavras do pensador para apoiar o que eles já tinham decidido que queriam fazer."

Então, por exemplo, quando eles começaram operações suicidas ou o que eles chamam de operações de martírio ou operações de automartírio, eles não tinham uma *fatwa* ou um decreto religioso como justificativa. Mas eles sentiram, de uma perspectiva militar, que esse era o próximo passo a ser dado, o que eles aprenderam com o Hezbollah quando eles foram exilados no Líbano por alguns meses por Israel. E então eles encontraram alguém como al-Qardawi depois, que deu uma *fatwa* que justificava isso. Nesse sentido, eu acho que o Hamas é muito seu próprio partido e então encontra a liderança religiosa certa para acompanhá-lo.

Helena Cobban:

Então, eles meio que vão às compras em busca do sheik certo que dará a eles o que eles querem.

Jeroen Gunning:

Sim.

Helena Cobban:

Mas isso é muito diferente da situação, por exemplo, na República Islâmica do Irã, onde os líderes religiosos estão firmemente no controle de quase tudo no nível de liderança. Está certo?

Jeroen Gunning:

Sim. E quando falei com os líderes do Hamas sobre o Irã, eles foram muito contundentes sobre isso porque disseram que, em nosso Estado islâmico, não teríamos esse tipo de conselho de líderes religiosos que ditariam tudo. Eles queriam ter líderes religiosos no parlamento, mas que fossem eleitos.

Foi muito interessante, eles fizeram uma distinção entre autoridade religiosa e autoridade eleita. E eles disseram que a lei islâmica, a fonte das leis reveladas no Alcorão etc., não pode ser aplicada legalmente até que tenha sido legislada por uma assembleia eleita. Antes disso, havia leis religiosas, mas elas não eram politicamente legais. Nesse sentido, eles são uma organização muito política. Quero dizer, a religião passou a desempenhar um papel maior desde a década de 1990. E é muito interessante que [Sheikh Ahmad] Yassin muito conscientemente enviou coorte após coorte de membros do Hamas para Arábia Saudita para obter as credenciais adequadas para se tornarem imãs e líderes religiosos.

E então eles voltariam para casa e comandariam o ministério Waqf, as dotações religiosas e assim por diante. Então ele construiu uma estrutura inteira de líderes religiosos formalmente treinados. Quando o Hamas começou – ou antes disso, quando a Irmandade Muçulmana recomeçou na década de 1970 – eles eram principalmente pregadores leigos. Eles eram engenheiros, professores, médicos, e pregavam na mesquita, mas eles não eram líderes religiosos. Essa relação entre política e religião no Hamas é muito interessante.

Helena Cobban:

Então ele os enviou para a Arábia Saudita, ele não os enviou para o Catar?

Jeroen Gunning:

A maioria deles foi para a Arábia Saudita.

Helena Cobban:

Sim, minha impressão é que, no Catar, a Irmandade Muçulmana é muito influente.

Jeroen Gunning:

Sim, então esse foi, claro, um período inicial. Quando a Arábia Saudita se voltou contra a Irmandade Muçulmana, então ela teria ido para outro lugar. Mas a fundação foi lançada ali, no final dos anos 1980, início dos anos 1990, para essa nova liderança. E então, quando Yassin foi assassinado, ele estava cumprindo esse tipo de papel.

Helena Cobban:

Lembre-me, ele foi assassinado em 2001? 2004?

Jeroen Gunning:

Um ano depois de Abushanab e apenas algumas semanas antes de Abdelaziz Rantisi. Ele [Yassin] não era um líder religiosamente treinado, mas tinha esse enorme carisma de autoridade religiosa. E isso significava que estamos pensando nisso como um modo profético de autoridade, em um sentido bourdieusiano.

O interessante é que esse é um tipo extraordinário de autoridade, que não é institucionalizada. E você não pode passá-la para alguém porque é muito pessoal. Então é possível ver que Yassin estava preparando o terreno para quando ele fosse morto ou morresse, que haveria essa classe institucionalizada que poderia assumir.

Mas eles nunca alcançaram o mesmo tipo de domínio que Yassin no movimento, porque eles não eram os fundadores. Eles não tinham esse carisma. Mas alguns desses clérigos se tornaram membros do birô político e ganharam mais posições do que tinham antes.

Ainda assim, até onde eu entendo a pesquisa sobre isso, indo agora para a década de 2010, a autoridade religiosa ainda é sublimada à autoridade política. Então é sempre o raciocínio político vencendo sobre o religioso como um todo. Pode haver exceções em casos extremos, mas isso geralmente parece ser verdade.

Helena Cobban:

Estou muito feliz por ter tido essa resposta. Receio que estejamos realmente chegando perto da hora de encerrar.

Mas eu realmente quero aproveitar esta oportunidade para agradecer muito a você, Jeroen, pela profundidade de sua experiência e suas habilidades analíticas. Eu adoro sua abordagem sobre terrorismo crítico a tudo isso. Ela se encaixa muito bem com o tipo de compromisso anticolonial que temos aqui na Just World Educational. Então, obrigada por trazer isso tão ricamente para o nosso webinário hoje.

Rami Khouri:

Na maioria dos casos, há muito poucas pessoas ao redor do mundo que falam sobre o Hamas da maneira que você e outros, que realmente passaram um tempo com eles, os estudaram e os entenderam sem se juntar a eles, falam.

Obrigado por compartilhar seu conhecimento conosco e nós iremos compartilhá-lo com o mundo.

CAPÍTULO 4
CONVERSA COM MOUIN RABBANI

Helena Cobban:

Olá a todos. Eu sou Helena Cobban, a presidente da Just World Educational. Sejam bem-vindos todos vocês que estão conosco para esta quarta sessão da nossa tão necessária série de webinários, *Entendendo o Hamas e por que isso importa.*

Meu coanfitrião neste projeto é Rami G. Khouri, um valioso membro do conselho da Just World Educational. Rami atualmente escreve artigos analíticos para o Arab Center Washington D.C. e atua como um distinto membro de política pública no Instituto Issam Fares na AUB.

Nosso especialista convidado hoje é Mouin Rabbani, um pesquisador e analista holandês-palestino especializado em assuntos palestinos, no conflito árabe-israelense e na Ásia Ocidental contemporânea (a região anteriormente conhecida por seu apelido eurocêntrico, Oriente Médio).

Mouin Rabbani atuou anteriormente como principal oficial de assuntos políticos no Gabinete do Enviado Especial da ONU para a Síria, como analista sênior do Oriente Médio e consultor especial sobre Israel-Palestina no International Crisis Group e como pesquisador na Al-Haq, a afiliada da Cisjordânia da Comissão Internacional de Juristas. Atualmente, é coeditor da *Jadaliyya* e tem inúmeras outras afiliações importantes.

Ele também é um mestre na arte de escrever comentários curtos, brilhantes e convincentes no X, a plataforma anteriormente conhecida como Twitter. Vocês todos deveriam segui-lo lá. É bom ter você conosco aqui hoje, Mouin.

Mouin Rabbani:

É muito bom estar com vocês, Helena e Rami.

Rami Khouri:

Obrigado, Helena. *Marhaba* ["olá", em árabe], Mouin e olá a todo o nosso público. Vamos começar falando sobre a frente ou grupos de resistência palestinos mais amplos. O Hamas frequentemente é visto como o principal movimento militante no movimento nacional palestino, mas também há a Jihad Islâmica Palestina, a Frente Popular para a Libertação da Palestina e outros grupos menores. Então, diga-nos o que puder sobre qual é a natureza deste grupo? É um grupo? Eles se coordenam? Eles trabalham juntos, até onde você sabe? Ou eles simplesmente compartilham certas tendências e, portanto, os agrupamos?

Mouin Rabbani:

Nos últimos anos, tem havido uma coordenação e cooperação cada vez mais próximas entre esses grupos, particularmente na Faixa de Gaza. O Hamas, como você observou, é a maior das facções da resistência palestina. E eu diria que dentro da Faixa de Gaza, enquanto o Fatah pode ser numericamente maior, as Brigadas Quds, o braço armado da Jihad Islâmica, é de longe a maior, mais ativa e com melhores recursos.

O que vimos nos últimos anos é que esses vários grupos estabeleceram o que chamam de sala de operações conjuntas, onde eles se coordenam ativamente. Por exemplo, durante a guerra atual, vimos repetidamente relatos de operações conjuntas entre o Hamas e a Jihad Islâmica, ou entre o Hamas e as Brigadas Abu Ali Mustafa que operam sob a Frente Popular para a Libertação da Palestina, e vários outros. Então, não acho que seja realmente uma situação do Hamas utilizando esses outros como representantes.

O Hamas é, claro, o poder hegemônico na Faixa de Gaza, mas acho que ele vê uma vantagem também em ter essa frente ampla na qual outros de várias convicções políticas e ideológicas trabalham juntos com ele pelo mesmo objetivo. Então é assim que eu o veria, mas, tendo dito isso, indiscutivelmente, o Hamas é de longe a maior força armada, a mais bem armada e, em última análise, as decisões-chave são tomadas por ele.

Mas houve exceções. Por exemplo, nas duas rodadas mais recentes antes de 7 de outubro, Israel mirou muito especificamente na Jihad Islâmica na Faixa de Gaza, e o Hamas naquele momento não participou de forma alguma, embora tenha alegado que estava coordenando com a Jihad Islâmica.

Helena Cobban:

Isso foi em 2021?

Mouin Rabbani:

Não, mais recentemente. Houve duas rodadas em que, depois que um prisioneiro palestino pertencente à Jihad Islâmica morreu na prisão israelense após uma greve de fome prolongada —

Helena Cobban:

Ah, certo. Então foi quando a Jihad Islâmica contra-atacou Israel com alguns foguetes, e o Hamas não participou.

Mouin Rabbani:

Sim. E então houve uma rodada mais recente, eu acredito, no início de 2023, em que Israel lançou um ataque à Faixa de Gaza e nocauteou seis comandantes militares da Jihad Islâmica no espaço de uma semana. E lá também o Hamas não participou. Em retrospectiva, sabemos o porquê. Ele não queria revelar ou arriscar seu potencial. Mas o ponto é que houve casos em que esses outros grupos tomaram a liberdade de agir de forma autônoma.

Como regra geral, é justo dizer que o Hamas dá o tom. O Hamas toma as decisões finais, mas, ao mesmo tempo, também pode cooperar estreitamente com essas outras forças, incluindo, tanto em Gaza quanto no norte da Cisjordânia, as Brigadas dos Mártires de Al-Aqsa, que são, é claro, afiliadas ao seu ostensivo rival, o Fatah. Mas isso, eu acho, também reflete várias divisões dentro do movimento Fatah.

Rami Khouri:

Mouin, uma das coisas que surpreende muitas pessoas é a resiliência e a durabilidade do Hamas. Para um grupo que continua entrando em escaramuças de retaliação, mas sofre ataques muito mais massivos dos israelenses, destruição de instalações, civis e presumivelmente algumas das instalações militares do Hamas, sejam elas locais de lançamento, de produção ou o que quer que sejam – mas eles ainda estão lá, ativos. Como você explica isso?

Mouin Rabbani:

Bem, não acho que podemos dar uma resposta definitiva a essa pergunta neste momento, mas acho que há vários fatores que já estão claros. Por um lado, você tem que olhar para o exército israelense. Ele continua sendo uma máquina de matar muito eficiente em termos de reduzir a Faixa de Gaza a escombros, matando dezenas de milhares de pessoas e assim por diante. Mas não é uma força de combate particularmente eficaz, especialmente quando se trata de operações terrestres, apreensão e manutenção de territórios. Então, vimos repetidas declarações de vitória por líderes israelenses. Mesmo esta semana, ainda há ataques do Hamas ou palestinos em andamento, não apenas na Cidade de

Gaza, mas em Beit Lahia e Beit Hanun, as primeiras cidades na Faixa de Gaza que Israel invadiu depois de 7 de outubro.

Isso só pode significar uma de duas coisas: ou os batalhões palestinos armados naquelas áreas nunca foram eliminados para começar e conseguiram resistir ao ataque israelense em outubro, novembro, dezembro, ou, eles foram muito capazes de se reconstituir uma vez que os israelenses se retiraram dessas áreas. Então, eu acho que uma parte importante da explicação é a incompetência militar israelense quando se trata de lidar com adversários militares em oposição a uma população civil.

Acho que a outra parte é que está bem claro que o Hamas se preparou muito bem para um ataque israelense prolongado. Eles não parecem estar sofrendo uma escassez significativa de homens ou material. Acho que parte disso também tem a ver com o fato de seu arsenal principal ser produzido localmente. Eles não são totalmente dependentes de receber armas e suprimentos de apoiadores estrangeiros. E parecem ainda ter a capacidade de fabricar muitas de suas armas dentro da Faixa de Gaza. Mas sejamos claros, não estamos falando de ICBMs e tanques. Estamos falando de armamento bastante rudimentar. O Hamas não tem realmente uma capacidade antiaérea significativa, por exemplo, ou forças blindadas.

Eu acho que outra parte disso, claro, é que eles estão lutando em território doméstico. Eles estão defendendo seu próprio território contra um invasor estrangeiro.

E outra parte da explicação teria que ser que, embora Israel continue divulgando estatísticas diferentes e muitas vezes contraditórias sobre quantos milhares de Hamas e outros militantes armados palestinos ele matou e capturou, fica claro que a taxa de vítimas desses grupos é muito menor do que Israel alega. E além disso, a pura selvageria do ataque de Israel, embora projetada para virar a população civil contra esses grupos armados, parece agora, de acordo com avaliações estadunidenses, ter ajudado esses grupos a continuar recrutando mesmo durante a guerra.

Acho que outra questão que precisamos entender é que o Hamas construiu uma rede subterrânea muito extensa – quão extensa, realmente não sabemos – um sistema de túneis para camuflagem, ocultação e com capacidade de suportar esses ataques aéreos israelenses massivos que vêm ocorrendo diariamente contra a Faixa de Gaza desde 7 de outubro. Ao que parece, essas pessoas aprenderam com seus erros, melhoraram com o tempo.

E se eu puder mencionar apenas uma última coisa, não vamos esquecer que vários membros das forças armadas israelenses, incluindo membros de seus serviços de inteligência, e incluindo oficiais superiores, foram capturados em 7 de outubro. E parece razoável supor que um grande número de documentos e discos rígidos e outros itens foram capturados pelo Hamas também. Então, seria interessante no futuro saber até que ponto o interrogatório desses cativos e as informações à disposição deles ajudaram [o Hamas] a antecipar os movimentos militares israelenses e responder a eles de forma que expusesse as fraquezas israelenses e conseguisse conservar sua própria força bélica.

Rami Khouri:

É provável também, imagino que possamos assumir que, como o Hezbollah, o Hamas ao longo dos anos desenvolveu armamentos muito mais sofisticados, não apenas produzindo suas próprias armas, mas com sistemas guiados, sistemas eletrônicos? Temos alguma evidência disso na trajetória do Hamas ao longo dos anos? Ele está melhorando no direcionamento de alvos e na ocultação de seu equipamento militar?

Mouin Rabbani:

Acho que está claro. O Hamas agora não tem apenas capacidade de usar drones, mas também vários sistemas de guerra eletrônica que permitiram derrubar, intactos, vários drones israelenses. Se você olhar para o desenvolvimento sobre o potencial militar de mísseis e foguetes, quando isso começou, durante a Segunda Intifada, eles mal conseguiam alcançar as fronteiras entre Gaza e Israel. E agora eles podem alcançar Bersebá, Tel Aviv, norte de Tel Aviv, Jerusalém, o aeroporto de Tel Aviv e assim por diante. Dito isso, eu não gostaria de exagerar o poderio bélico do Hamas. Essas são principalmente armas produzidas localmente, bastante rudimentares, que são uma sombra absoluta do poder do Hezbollah.

Eu acho que é verdade que após o colapso do Estado líbio em 2011-2012, houve inúmeros relatos de que o Hamas conseguiu trazer algumas armas mais avançadas da Líbia, que eles também receberam suprimentos do Hezbollah ou do Irã, na época, através do Sudão. E claramente também houve bastante treinamento e aconselhamento envolvidos. Mas não encontrei ninguém que considerasse o poderio militar do Hamas como algo próximo ao do Hezbollah, por exemplo.

Helena Cobban:

Acho que você está certo em notar a importância dos túneis, não apenas para camuflagem e ocultação, mas também para mobilidade, porque eles realmente podem viajar, até onde eu entendo, para cima e para baixo em toda a Faixa de Gaza ou grandes porções dela, no subsolo. E isso me lembra da doutrina maoísta clássica de você cavar fundo, e esse é o cerne da doutrina maoísta de uma guerrilha defensiva —

Mouin Rabbani:

Sim, e se eu puder interrompê-la neste caso, está bem claro que o Hamas antecipou as táticas de Israel e conseguiu cavar significativamente mais fundo do que as bombas de Israel poderiam alcançar. E tenho certeza de que os túneis são usados para transporte, mas eu realmente não compro o argumento israelense de que todos que eles perseguiam estavam localizados na Cidade de Gaza e então todos escaparam para Khan Yunis, e agora estão todos em Rafah, no Sinai, seja lá o que for. Minha sensação é que um dos pontos fortes do Hamas é que seus vários batalhões têm suas bases muito localmente e, na maior parte, têm suas bases que são e permanecem localizadas nas regiões de onde são originários, em vez de serem desviados por toda a Faixa de Gaza.

Helena Cobban:

Eu acho que é como o Viet Cong, antigamente, que também usava muitos túneis. Mas no contexto de Gaza, que é um pedaço de terra tão fino, isso dá um significado totalmente novo ao conceito de profundidade estratégica. Quer dizer, é profundidade para baixo, não é profundidade na retaguarda.

Aprendi muito seguindo Jon Elmer no Twitter (X). Ele faz análises muito boas dos vídeos da Brigada Al-Qassam que estão sendo lançados continuamente, o que é interessante.

Mouin, você ouve muito das pessoas em Washington sobre os planos do "dia seguinte", e quase sempre eles são baseados na aniquilação do Hamas em Gaza e, de preferência, no mundo todo, e trazendo de volta a Autoridade Palestina, junto com vários atores estatais árabes. E, claro, os planos de Washington estão sempre mudando. Mas como você os avalia? E o que você acha que vai acontecer com todos esses planos?

Mouin Rabbani:

Há dois problemas com o planejamento estadunidense a esse respeito. O primeiro é que eles acham que Israel pode ser persuadido a aceitar qualquer um desses planos. E o que eles não entendem é que Israel já tem planos, e são exatamente o que estamos vendo na Faixa de Gaza: seu plano para o dia após o fim da guerra está tornando a Faixa de Gaza imprópria para habitação humana, com um grau de caos e anarquia que fará com que seus moradores, de um jeito ou de outro, se sintam compelidos a sair.

Todos esses planos estadunidenses que estão sendo feitos com os melhores interesses de Israel em mente não têm gerado absolutamente nenhum interesse por parte dos israelenses. Não se trata de Netanyahu buscando prolongar seu mandato no cargo, o que, claro, ele está tentando fazer. Mas esse não é o obstáculo aqui. O obstáculo é que o que estamos vendo é exatamente o que Israel vem planejando.

A segunda questão, como você observou, é que, realmente, não é possível impor nenhum desses planos dentro da Faixa de Gaza, a menos que primeiro o Hamas seja aniquilado. No início desta crise, as pessoas estavam apontando que Israel poderia ser capaz de esmagar o Hamas na Faixa de Gaza, mas é um movimento que tem raízes onde quer que haja concentração significativa de palestinos. É no Líbano, também na Cisjordânia, onde Israel não conseguiu derrotá-lo, e assim por diante. Mas o que aprendemos nos últimos oito meses é que Israel é incapaz de esmagar até mesmo essa milícia de segunda neste território tão pequeno quanto um selo postal que é a Faixa de Gaza e seus meros 365 quilômetros quadrados.

Então, novamente, você pode fazer todos os planos que quiser, mas a menos que você aniquile o Hamas, nenhum deles vai dar certo.

E a terceira é que houve um artigo recente de Dennis Ross, na revista *Foreign Affairs*, e no seu plano para o dia seguinte, ele estava basicamente distribuindo faturas a torto e a direito. Os sauditas pagarão por isso, os cataris pagarão por aquilo, os europeus pagarão por isso, e assim por diante. E a ideia de que todos esses governos vão concordar coletivamente em pagar a conta pela destruição da Faixa de Gaza por Israel sem nenhuma confiança de que não terão que fazer isso novamente em cinco anos é pura loucura.

Eu quis dizer que ele [Ross] estava distribuindo faturas para todos, exceto para Israel. Então, faz tanto sentido quanto dizer que Israel é que deveria ser o principal responsável pela reconstrução do Haiti.

Mesmo com os aliados árabes e europeus mais próximos de Washington e regimes clientelistas, com base em que eles vão comprometer bilhões para um problema que eles não criaram quando a parte que é primariamente responsável por criar esse problema obtém apenas benefício financeiro com isso? Novamente, é o tipo de ilusão utópica, de Alice no País das Maravilhas, que reina em Washington atualmente.

Helena Cobban:

Sim, você levantou um ponto interessante sobre as faturas. Claro, em todas as rodadas anteriores do que os israelenses chamavam de "cortar a grama" em Gaza, era exatamente assim. Depois, os europeus e os japoneses teriam que voltar para financiar a reconstrução, e os empreendedores israelenses teriam um lucro enorme com todos esses materiais de reconstrução.

Então, acho que Washington estava apenas pensando que, assim como as cinco vezes antes de 7 de outubro, agora eles farão de novo. E como você disse, parece que isso não tem nenhuma chance de funcionar. Em termos de planos para o dia seguinte, talvez devêssemos mencionar o píer dos Estados Unidos,[16] se você tiver algo a dizer sobre isso.

Mouin Rabbani:

Não tenho absolutamente nada a dizer sobre isso. Quer dizer, é uma cortina de fumaça. É uma farsa diversionista.

Helena Cobban:

São 320 milhões de dólares do meu dinheiro de contribuinte que foram para isso.

Mouin Rabbani:

Sim, mas é pela causa sagrada e sacrossanta do genocídio israelense. Então como você ousa reclamar?

Helena Cobban:

Ok, então esse é o píer! Quero passar para a arena diplomática agora e olhar para as atitudes atuais e recentes do Hamas em relação à OLP e à fórmula de dois Estados com a qual obviamente a OLP está atualmente associada.

Mouin Rabbani:

Vamos lidar com isso como duas questões separadas. Primeiro de tudo, há a questão da OLP. O Hamas, é claro, foi estabelecido independentemente da estrutura da OLP. Esforços anteriores para integrar o Hamas, e nesse caso, a Jihad Islâmica, na OLP falharam, seja porque achavam que Hamas estava fazendo exigências irracionais ou porque a liderança da OLP não estava

---

16 Em 7 de março de 2024 os Estados Unidos criaram uma operação de ajuda humanitária em Gaza que envolvia uma espécie de "píer flutuante". A operação foi encerrada em 17 de julho do mesmo ano. (N.T.)

disposta a considerar propostas razoáveis para integrar esses dois movimentos.

A posição atual é que toda essa questão, por mais importante e vital que seja, é absolutamente inviável enquanto Mahmoud Abbas permanecer no controle do sistema político palestino formal. Está bem claro que ele não tolerará nenhuma forma de compartilhamento de poder com o Hamas. Ele sabotou todos os esforços anteriores no que é chamado de reconciliação nacional palestina.

Mas a questão depois que ele sair ou for removido da cena se torna: o Hamas ainda busca integração nas instituições nacionais palestinas com base em alguma forma de liderança e tomada de decisão coletivas para que essas instituições nacionais funcionem novamente como um guarda-chuva para todos os principais movimentos políticos palestinos, ou buscará estabelecer uma hegemonia alternativa buscando traduzir sua crescente popularidade em poder político? É uma pergunta difícil de responder no momento. Eu esperaria que cabeças mais sábias tanto no Hamas quanto no Fatah e outros movimentos prevalecessem e trabalhassem para colocar o interesse nacional acima do interesse faccionário e encontrem algum tipo de *modus vivendi*, porque não acho que a realidade palestina possa suportar qualquer hegemonia, seja pela Autoridade Palestina, pelo Hamas ou por qualquer outra pessoa.

Em relação à segunda questão, o acordo de dois Estados, os líderes do Hamas estão realmente abertos a isso sob várias formulações desde a década de 1980, e você vê todos os tipos de reportagens de jornais na imprensa israelense e em outros lugares sobre discussões que foram mantidas com líderes seniores do Hamas, seja o xeque Ahmad Yassin ou outros quando eles estavam em prisões israelenses e houve diálogos sobre essas coisas, e o Hamas apresentou várias formulações que deixaram bem claro que no fim das contas eles aceitariam o que vamos chamar de uma cessação indefinida das hostilidades em troca de um fim da ocupação israelense da Cisjordânia e da Faixa de Gaza e o estabelecimento de um Estado palestino com Jerusalém Oriental como sua capital.

O que aconteceu em 2017 é que pela primeira vez isso se tornou a posição oficial do movimento, então o Hamas agora está formalmente comprometido com um acordo de dois Estados. Eu acho que o ataque genocida de Israel na Faixa de Gaza está colocando esse compromisso em questão. E será muito interessante ver se o Hamas vê os desenvolvimentos atuais como um movimento acelerado em direção a um acordo de dois Estados e se ele vai redobrar seu compromisso oficial com esse resultado ou se, ao contrário, vai concluir que não pode haver paz com esse Estado israelense e que o Estado e suas principais instituições precisam ser desmanteladas e substituídas por uma forma totalmente diferente de coexistência.

Rami Khouri:

Sim, Mouin, se eu puder intervir aqui no mesmo assunto. Uma das dimensões fascinantes do Hamas é que eles se recusam a dar a Israel ou aos Estados Unidos o que eles exigem em troca de serem trazidos para o processo diplomático. A OLP ou Arafat e o Fatah fizeram isso e não conseguiram muito.

É intrigante quando você conhece autoridades do Hamas ou lê suas coisas, eles estão constantemente dizendo, quando você faz uma pergunta, para deixá-los [o outro lado] cumprir os requisitos das resoluções da ONU e então farão o mesmo. Eles adotaram uma linha muito clara e dura de que não farão um gesto unilateral. O que eles já fizeram é bastante surpreendente, para mim. Eles foram muito longe ao dizer que coexistiremos pacificamente com o Estado de Israel, mas os termos que eles colocam são muito duros. E eles estão realmente em linha com o direito internacional e as resoluções da ONU: que os refugiados têm o direito de retornar, Jerusalém Oriental como capital [da Palestina]. Como você interpreta esses termos sobre os quais eles falam? Eles são negociáveis ou você acha que eles vão se ater a eles?

Mouin Rabbani:

Primeiro de tudo, o Hamas, como você mencionou, olha para a história. Arafat basicamente deu aos israelenses e aos estadunidenses tudo o que eles queriam. E no final, o único avanço que teria conseguido acabou morto antes de existir.

O segundo ponto que o Hamas faria é que, como um movimento, ele simplesmente não vai reconhecer Israel por uma razão muito simples, que se Isarael precisa ser reconhecido, isso precisa ser feito por outro Estado. Mesmo no contexto de Oslo, o movimento Fatah nunca reconheceu Israel. Foi a OLP que reconheceu Israel e nenhum partido político israelense, seja o Likud ou o Partido Trabalhista ou qualquer um desses outros nunca foi chamado a reconhecer a OLP, muito menos um Estado palestino, porque isso era visto como uma função do governo israelense.

A outra posição que o Hamas estava defendendo, pelo menos durante as duas primeiras décadas deste século, era que toda a Palestina precisa ser libertada. E então eles diriam, "mas nós aceitaríamos qualquer acordo que fosse ratificado por instituições palestinas legítimas ou com base em um referendo palestino popular". "Instituições palestinas legítimas" significa uma OLP que inclua o Hamas, e um referendo significa um que seja realizado entre as várias comunidades. Essa é uma maneira do Hamas sinalizar claramente que estaria disposto a viver com um acordo de dois Estados, não apenas um que esteja estritamente em conformidade com o direito internacional, como você descreveu, mas até mesmo um que seria negociado pela liderança palestina que pode envolver certos compromissos menores quanto a isso.

Mas também é uma maneira de o Hamas dizer que manteremos nossa pureza, e se então o povo palestino em um referendo ou as instituições palestinas por maioria de votos no Conselho Nacional Palestino ou o que quer que seja votarem a favor disso, bem, então é com eles e não conosco.

Helena Cobban:

Sim, se eu pudesse entrar com uma pequena observação de acompanhamento aqui. Acho que a outra parte disso é a questão do patrocínio de qualquer negociação. Porque quem pode confiar nos Estados Unidos como o principal patrocinador de qualquer negociação árabe-israelense na presente era, ou mesmo nos últimos cinquenta anos? Quero dizer, os egípcios recuperaram suas terras sob um tratado de paz.

Mouin Rabbani:

Mas eles tiveram que ir à guerra em 1973 para obtê-la.

Helena Cobban:

Isso é verdade. Você estava certo em mencionar o que aconteceu com Arafat e a OLP. E não foi só que Arafat acabou possivelmente sendo envenenado, certamente foi aprisionado na Maqataa em Ramallah. Mas todos os seus seguidores palestinos, as pessoas que elogiaram seu retorno à Cisjordânia em 1994, tiveram suas terras roubadas e suas vidas significativamente afetadas para pior e ele não recebeu nada.

Então, não acho que ninguém seria sábio em confiar nos Estados Unidos. Enquanto, se forem as Nações Unidas a assumir a liderança como mediador com base nas leis e resoluções existentes, isso seria uma questão diferente.

Mouin Rabbani:

Isso foi realmente proposto na época, em 2006, quando o Hamas venceu as eleições legislativas da Autoridade Palestina. O chefe da UNSCO, a missão das Nações Unidas em Jerusalém na época, Alvaro de Soto, propôs esse papel para as Nações Unidas. E foi basicamente vetado por Kofi Annan, porque os estadunidenses não aceitariam. Ele escreveu um relato bem detalhado sobre isso quando deixou o cargo, e vale a pena lembrar.

Embora eu concorde com tudo o que você disse sobre patrocínio, há também outra razão pela qual o Hamas não aceitará o programa político existente da OLP como condição para se juntar à OLP. Primeiro de tudo, há uma crença de que este é um teste ideológico decisivo, que o que quer que ele aceite simplesmente levará a mais demandas.

Mas, mais importante, essas são grandes concessões estratégicas da perspectiva do Hamas. E ele não está preparado para fazê-las em troca de tomar um café com Mahmoud Abbas. Ele quer ver reconhecimento genuíno e aceitação de seu papel por atores regionais e internacionais importantes em troca disso. Ele quer ver o Hamas sendo aceito como um jogador legítimo, por exemplo, pela Arábia Saudita e pela União Europeia. Na ausência disso, não acho que eles vão sair com nenhuma declaração adicional de significância estratégica.

Rami Khouri:

Mencionando outros países, isso nos leva aos próximos pontos que eu queria perguntar a você. As relações do Hamas com o Eixo da Resistência. Anos atrás, pessoas em países árabes e no Ocidente falavam sobre o Crescente Xiita. Então agora o Hamas sunita se tornou parte do Crescente Xiita? E qual é a natureza da relação entre eles, como você vê? E quanta importância essa relação tem para a durabilidade do Hamas?

Mouin Rabbani:

É um relacionamento muito importante. E que é frequentemente descaracterizado quando se escala o Hamas, por exemplo, como um representante iraniano ou algo assim. Eu acho que temos que entender o Eixo da Resistência como uma coalizão de Estados e movimentos na região, que estão unidos por uma oposição comum à hegemonia Estados Unidos-Israel, em esforços para reduzir isso. Mas se você olhar para o Hamas, ele tem sido um membro quase relutante dessa coalizão. Por exemplo, de 2001 até aproximadamente 2011, a sede do Hamas era em Damasco. E o Hamas, mesmo sendo parte do movimento regional mais amplo da Irmandade Muçulmana, e mesmo que a Irmandade Muçulmana Síria fosse uma organização proscrita na Síria, o Hamas coexistiu muito bem com o governo em Damasco.

Então o conflito na Síria irrompeu, e o Hamas rompeu com o governo na Síria. Ele mudou sua sede de Damasco para Doha, no Catar. E eu acho que o fez, em parte, esperando algum tipo de recompensa por parte de monarquias árabes conservadoras, como a Arábia Saudita, por ter se mudado para o Catar, e reconhecimento do que tinha feito dos europeus, e claro, até mesmo da administração Obama na época.

Como qualquer um poderia ter previsto, o que se obteve em troca desta ação foi absolutamente nada. Mas também levou a uma ruptura entre o Hamas e o Irã. E então, além disso, após o golpe de Sisi em 2013, também houve um colapso completo nas relações entre o Hamas e o Egito.

Em meados da década passada, e eu diria que isso é principalmente o trabalho de Yahya Sinwar, o líder do Hamas em Gaza, o Hamas começou a tomar a posição de que o Catar e a Turquia podem ser muito úteis para o financiamento do setor civil na Faixa de Gaza e projetos de desenvolvimento, e talvez para líderes exilados estabelecerem sua presença lá. Mas esses países não mandam armas ao Hamas. Eles não fornecem treinamento militar ou suporte logístico. No Egito, não importa o que se pense do governo de lá, há a única fronteira árabe com a Faixa de Gaza. E então, o Hamas mudou para uma atitude de que suas relações com essas várias potências regionais precisavam ser baseadas nas necessidades e interesses do Hamas, em vez de suas preferências ideológicas.

E assim, no caso do Irã, com a ajuda do Hezbollah, com quem não houve ruptura nas relações, ele reparou o relacionamento com o Irã. Separadamente, ele reparou o relacionamento com o Egito. Mais tarde, ele até mesmo reparou o relacionamento com a Síria.

Então, pensar que o Hamas está de alguma forma fazendo as vontades do Irã na Faixa de Gaza, na minha opinião, é incorreto, assim como aconteceu com a OLP, antigamente, quando foi denunciada como sendo um representante soviético que estava basicamente agindo para promover a agenda da União Soviética.

Helena Cobban:

Na época em que *havia* uma União Soviética.

Mouin Rabbani:

Sim, correto. É realmente uma maneira de dizer que esses palestinos podem se chamar de povo, mas na verdade não são. E, mais importante, eles não têm queixas legítimas. A única razão pela qual eles existem, e a única razão pela qual estão lutando contra Israel, é em nome de algum poder externo nefasto que está tentando se impor na região. Então, a ideia de que há um povo palestino com direitos inalienáveis que está exercendo seu direito de resistir à ocupação estrangeira para obter esses direitos, bem, isso é tudo besteira. Aqui, de fato, estamos lidando com uma agenda soviética ou uma agenda iraniana. Tenho certeza de que em breve começaremos a ouvir sobre uma agenda chinesa e assim por diante.

Apenas para concluir brevemente o ponto, é que sim, o Hamas é um membro do Eixo da Resistência. A Jihad Islâmica está muito mais alinhada ideologicamente com o Irã, porque a Jihad Islâmica surgiu na década de 1980 com base em dissidentes da quiescente Irmandade Muçulmana, influenciada pela Revolução Islâmica no Irã, por um lado, e grupos jihadistas egípcios, por outro. Então, o Hamas, em certo sentido, tem um pé dentro e um pé fora dessa coalizão.

Rami Khouri:

E falando do Irã, a morte recente do presidente [Ebrahim Raisi, morto em 19 de maio de 2024] significa alguma coisa em termos do que pode acontecer?

Mouin Rabbani:

Em termos desta questão que estamos discutindo, não antecipo que isso aconteça. Veja os últimos cinco presidentes iranianos. Eles vieram de origens e agendas muito diferentes, enquanto o apoio iraniano aos palestinos e ao Hamas, com exceção desta ruptura que estávamos discutindo, não foi realmente afetado. Então, seja da ala mais pragmática ou da ala mais linha-dura, parece que o apoio aos palestinos e a assistência a grupos militantes palestinos como o Hamas é uma constante da política regional iraniana por várias razões.

Rami Khouri:

Sim, isso talvez seja um reflexo de que o vínculo é com o Líder Supremo e a Guarda Revolucionária mais do que com o poder executivo do governo?

Mouin Rabbani:

Eu não vou tentar responder a uma pergunta sobre a qual não me sinto qualificado para falar, mas minha impressão é que este não é realmente o projeto do Líder Supremo ou da Guarda Revolucionária, embora ambos obviamente concordem com isso, mas que este parece ser um princípio da política regional do Estado. Portanto, de fato não houve nenhuma mudança significativa quando Khomeini morreu e foi substituído por Khamenei, e pelo menos no momento, não vejo nenhuma razão para sugerir que esta política mudaria quando Khamenei deixasse a cena, ou se o próximo presidente iraniano estivesse muito menos alinhado com a Guarda Revolucionária.

Rami Khouri:

Além disso, o relacionamento do Hamas com diferentes governos árabes é fascinante. Egito e Catar são claramente importantes por causa das negociações. Eles lhes dão uma janela para o mundo. Quem sabe o que os representantes do Hamas nesses lugares, ou em Beirute, ou em outros lugares, podem estar fazendo em termos de contatos com as pessoas?

Como você vê as relações do Hamas com os governos, sendo um movimento militante não governamental, que reflete as duas coisas que os governos árabes mais temem, que é a militância de movimentos independentes que também são islâmicos?

Mouin Rabbani:

E ganhou eleições populares, além disso.

Rami Khouri:

Ganhou eleições populares, e isso gera enorme simpatia entre o povo árabe nas ruas, o que sabemos por pesquisas e outras coisas.

Então, como você vê essas relações intermitentes, ou talvez não intermitentes, mas meio silenciosas e não tão silenciosas com os governos atuais?

Mouin Rabbani:

Bem, é uma pergunta interessante. E vamos pegar o exemplo do Egito, desde 2013.

Rami Khouri:

Onde temos os túneis também, o que é um grande problema.

Mouin Rabbani:

Sim. Então, Sisi chega ao poder com base em um golpe que depôs o governo da Irmandade Muçulmana [no Egito]. O Hamas, é claro, começou como o capítulo palestino da Irmandade Muçulmana. E a mídia egípcia entrou em frenesi demonizando o Hamas e basicamente projetando todos os males do Egito no Hamas. E houve realmente um tipo de campanha de difamação contra os palestinos de forma mais geral, e o Hamas em particular, em 2013-2014. E em certo momento, as relações azedaram a tal ponto que houve até mesmo sugestões de que os militares egípcios poderiam marchar para a Faixa de Gaza para depor o Hamas.

O que aconteceu então é que, por um lado, o Hamas amenizou sua hostilidade ao governo egípcio, que ele vinha constantemente denunciando como ilegítimo, e começou a cooperar mais estreitamente com as forças de segurança egípcias em termos da insurgência que estava acontecendo na Península do Sinai, e relatos de que alguns [dos insurgentes] estavam buscando refúgio na Faixa de Gaza. Mas, ao mesmo tempo, a liderança egípcia no Cairo chegou à conclusão de que a alternativa ao governo do Hamas na Faixa de Gaza não é Mahmoud Abbas e a Autoridade Palestina, mas um vácuo que seria o caos total, ou alguma forma de, digamos, um governo do tipo Isis na Faixa de Gaza. Então você teve uma espécie de encontro pragmático de mentes, se preferir, que tanto o governo egípcio quanto o Hamas reconheceram que não podem substituir seus vizinhos, e que sua alternativa preferida não estava em nenhum lugar no horizonte, e que eles tinham que estabelecer uma maneira de lidar um com o outro.

Foi nessa base que o Egito mais uma vez se tornou um mediador entre Israel e o Hamas na Faixa de Gaza. Quanto aos túneis, eles se tornaram não do Hamas, mas da Faixa de Gaza, a tábua de salvação para o mundo exterior no contexto do bloqueio israelense cada vez mais punitivo. Não vou entrar em detalhes desse bloqueio aqui, mas os detalhes são bem conhecidos.

E esses túneis, particularmente depois que Mubarak foi derrubado e antes de Sisi tomar o poder, eram principalmente de natureza comercial, no sentido de que todos os tipos de bens, até mesmo gado, automóveis e outras coisas – e pessoas – os usavam para entrar e sair da Faixa de Gaza. E então, eles eram a linha de vida de Gaza para o mundo exterior. E em 2014-2015, os egípcios, em estreita cooperação com os israelenses e os estadunidenses, montaram todo tipo de barreira que mais ou menos destruiu os túneis comerciais; e isso pareceu ter afetado também os túneis militares do Hamas.

Mas minha suspeita é que o Hamas tinha um número mais sofisticado e muito mais difícil de detectar de túneis que ele mantinha para o movimento de seu próprio pessoal e armas. E eu suspeito que eles ainda estejam lá, que por mais que Israel tente, não vai se livrar deles assumindo a zona de fronteira Israel-Gaza, como está fazendo agora em Rafah.

Helena Cobban:

Vou consolidar as próximas duas perguntas que recebemos. Então, a primeira dimensão disso são as relações do Hamas com outros Estados que lhe fornecem maior ou menor grau de apoio globalmente. E eu estava pensando na Turquia, Malásia, África do Sul, Rússia, China e muitos países ao redor do mundo, com os quais ele parece ter fortalecido suas relações mesmo depois de 7 de outubro.

Mouin Rabbani:

Todos esses Estados que você mencionou reconhecem formalmente a OLP como a única representante legítima do povo palestino. Eles também têm relações em um grau ou outro com o Hamas. Mas eu diria que suas relações primárias ainda são com a liderança oficial palestina. E se você pegar, por exemplo, os russos, eles estabeleceram relações com o Hamas. Líderes do Hamas visitaram Moscou em várias ocasiões. Mas os russos administram esse relacionamento dentro da estrutura mais ampla de sua política para a Palestina.

Não estou ciente de nenhum Estado que tenha relações com o Hamas às custas das relações com a OLP. Então, por exemplo, a África do Sul e seu atual caso de genocídio contra Israel na Corte Internacional de Justiça: isso não tem nada a ver com suas relações com o Hamas.

E se você ler a apresentação deles, eles condenam abertamente o Hamas por seus ataques a civis no dia 7 de outubro. Então, isso é, novamente, algo que eles estão fazendo no contexto de sua política mais ampla para a Palestina, Oriente Médio ou Israel, se preferir. Houve outro aspecto dessa questão que eu perdi?

Helena Cobban:

O que eu queria perguntar era o potencial de uma dessas potências externas unir o Hamas e o Fatah. Quero dizer, vimos Moscou e China tentarem, mas nenhuma delas teve sucesso.

Mouin Rabbani:

Sim. Os russos e os chineses convocaram reuniões. E o resultado foram esses comunicados anódinos. E eu acho que há duas razões. A primeira, como estávamos discutindo antes, não acho que nenhum acordo vá acontecer e ser implementado enquanto Mahmoud Abbas estiver por perto. Houve acordos anteriores que foram alcançados com o Hamas em que ele concordou formalmente, ou pelo menos que a liderança do Fatah concordou formalmente, e que ele então sabotou no interesse dos estadunidenses ou de seus próprios instintos.

E eu acho que a segunda razão, e isso nos leva de volta a uma parte anterior da discussão, é que o Egito se vê como o guardião dessas negociações e acordos. E eu acho que o Hamas hesitaria muito em chegar a qualquer acordo fora de uma estrutura egípcia, porque não quer atrair a ira egípcia para si, particularmente dada a importância absoluta da fronteira Gaza-Egito.

Helena Cobban:

Esse é um ponto muito importante. Obrigada por notar isso. Quero que você fale um pouco sobre as divisões no Ocidente que a força da resistência em Gaza ajudou a causar. E em termos de divisões no Ocidente, só nesta semana temos Estados ocidentais adicionais reconhecendo um Estado independente palestino, e temos as ações dos promotores do TPI. Quero dizer, já que vejo o TPI como uma espécie de Europa Ocidental –

Mouin Rabbani:

Tribunal Caucasiano Internacional.

Helena Cobban:

Sim, algo assim.

Mouin Rabbani:

Ou "Tribunal Penal Internacional para a África".

Helena Cobban:

Sim. Mas, quero dizer, provocou uma divisão real entre o Ocidente, entre muitos Estados significativos da Europa Ocidental e os Estados Unidos. Então, o Ocidente agora está sofrendo divisões.

Mouin Rabbani:

Bem, não vamos exagerar. Agora temos quatro países europeus, Noruega, Irlanda, Espanha e Suécia, que reconhecem a Palestina. São só quatro, se você for fazer as contas do que seria o Ocidente, dá algo entre 35 e quarenta Estados. Enquanto isso, se você olhar para a comunidade internacional como distinta do Ocidente, você provavelmente tem o mesmo número de Estados, no máximo, que não reconhecem a condição de Estado palestino. Então, demos o devido crédito a esses quatro. Mas eu não chamaria isso, certamente não neste estágio, de uma divisão significativa dentro do Ocidente.

Há uma divisão significativa dentro do Ocidente, que eu acho muito mais importante, que é o abismo crescente entre a opinião pública e a classe política. Se vê isso muito fortemente em vários países europeus e cada vez mais nos Estados Unidos.

E eu acho que o verdadeiro abismo é entre uma classe política que permanece completamente apegada ao princípio da impunidade israelense, e que o maior crime sob o direito internacional seria responsabilizar Israel por sua conduta, e a opinião pública, que cada vez mais vê Israel como ele é, e está cada vez mais preparada para julgar Israel com base no que ele realmente está fazendo, em vez de com base no que lhe é dito para fazer.

Helena Cobban:

Obrigada. Acho que iremos direto para as perguntas e respostas dos participantes neste momento. Rick Sterling, que é membro do conselho da Just World Educational, está dizendo: "Qual é a posição do Hamas em relação a um Estado democrático com direitos iguais para todos?"

Mouin Rabbani:

Bem, eu diria que a jogada inicial do Hamas, se preferir, sua posição quando foi estabelecido pela primeira vez, era que a totalidade da Palestina é um território islâmico, *waqf*, e que a Palestina em sua totalidade deveria ser não apenas um Estado árabe, mas um Estado muçulmano, e no qual os não muçulmanos pudessem de coexistir pacificamente. Como temos discutido hoje, ele agora endossou um acordo de dois Estados. Qual é exatamente sua posição sobre a perspectiva democrática tradicional de um Estado, tenho que alegar ignorância. Não tenho certeza se o Hamas emitiu uma posição que fale de um acordo de um Estado, uma solução de um Estado que seja diferente daquela que ele adotou na década de 1980. Simplesmente não tenho certeza.

Helena Cobban:

Eu acho que há um tipo de potencial desacordo aí com o apelo tradicional da OLP antes de Oslo, que era por um Estado democrático secular, e o Hamas sempre se opôs a isso.

Mouin Rabbani:

Sim. Novamente, a única solução de um Estado que eu conheço e que o Hamas aceitou é a de um Estado islâmico no qual outros, sejam palestinos ou israelenses, pudessem viver em paz, e então há vários outros aspectos sobre quem é definido como residente legítimo em termos da população israelense. Mas tudo isso remonta ao final dos anos 1980 e 1990 e há muito tempo foi ultrapassado por novas posições.

Helena Cobban:

Temos uma pergunta de um participante que diz que um jornalista de Gaza lhe disse ontem: "*Inshallah*, estamos vencendo".

Alguns analistas militares, diz este participante, insistem que, de fato, Israel está perdendo. Você vê, em algum sentido, que Israel está perdendo a guerra?

Mouin Rabbani:

Eu diria que Israel está falhando, e talvez no esquema mais amplo das coisas, um fracasso israelense contra uma milícia de segunda usando principalmente armas fabricadas localmente em um território do tamanho de um selo postal poderia e deveria ser visto como uma derrota. Mas eu me concentraria mais no fracasso israelense em atingir qualquer um de seus objetivos militares do que nessa ideia de que Israel está sendo derrotado militarmente, pela simples razão de que está reduzindo a Faixa de Gaza a escombros. Matou dezenas de milhares de pessoas, e não vejo no momento forças militares palestinas na Faixa de Gaza basicamente empurrando os israelenses de volta para a fronteira e depois continuando para Tel Aviv.

Mas, novamente, há todo tipo de razões muito convincentes para concluir não apenas que Israel está falhando, mas continuará a falhar. O mais importante para Israel é que o Hamas, e com ele o Hezbollah e os Houthis e outros, conseguiu alcançar desde outubro do ano passado, é demonstrar não apenas as vulnerabilidades de Israel, mas afirmar que pode haver uma opção militar confiável contra Israel, uma guerra de atrito em várias frentes. E isso seria uma questão muito séria para Israel.

Rami Khouri:

Deixe-me entrar aqui rapidamente para conectar o que você acabou de dizer com o ponto anterior que eu levantei, que uma das coisas que está acontecendo no Ocidente agora, particularmente por causa dos protestos nos *campi* em todo o mundo, que começaram nos Estados Unidos, é que o movimento para boicotar os investimentos que ajudam Israel militarmente está crescendo muito rapidamente. Essa parece ser a área de crescimento mais rápido desses movimentos de protesto. Encontrei com estudantes de um acampamento e almocei com eles, e eles são muito impressionantes. Fiquei surpreso que o foco nesse ponto fosse tão central, mas tem sido e parece ser bem-sucedido, e isso deve assustar os israelenses, certo?

Mouin Rabbani:

Isso deveria assustar os israelenses, e eu fiquei tão surpreso quanto você. Acho que parte dessa questão é o fato de que os manifestantes hoje estão protestando contra Israel não apenas por causa de seu ataque genocida na Faixa de Gaza, mas também porque o vêem como um Estado de apartheid. Eles estão aprendendo com uma página do livro de uma campanha anterior em larga escala nas universidades estadunidenses e ocidentais, que foi contra o apartheid na África do Sul. Isso também assumiu principalmente a forma de estudantes buscando forçar as administrações universitárias a abordar não tanto a situação na África do Sul, mas sua própria relação direta com essa situação em termos dos investimentos que eles faziam.

Isso, é claro, tomou a forma de uma campanha de desinvestimento, e então acho que há uma relação aí. E sim, Israel, que não tem desfrutado de nada além de impunidade, até mesmo a sugestão de que pode ser responsabilizado por uma pequena faculdade no meio do nada é como um terremoto para eles.

Helena Cobban:

Temos aqui uma pergunta de um participante, que observa que os israelenses estão bastante irados com a alegada equivalência moral que foi supostamente estabelecida pela decisão do TPI, mas ela pergunta como o Hamas vê a decisão do TPI?[17]

Mouin Rabbani:

O Hamas apontou o mesmo, e sua perspectiva é que o promotor do TPI cometeu um erro egrégio ao indiciar o opressor e a vítima, como eles disseram, e que não há absolutamente nenhuma equivalência entre uma resistência legítima contra uma ocupação estrangeira e essa ocupação estrangeira genocida. Claro, o promotor do TPI e muitos analistas legais diriam que não houve nenhum esforço para traçar qualquer equivalência. Foi simplesmente aplicar os mesmos padrões de direito internacional, neste caso o Estatuto de Roma, a todos os participantes deste conflito armado.

Há algo a ser dito sobre isso, mas também está bem claro que [o promotor do TPI] Karim Khan, desde que assumiu o cargo, está fazendo política. Quero dizer, como explicar que ele está buscando a prisão de três palestinos, mas dois israelenses? Acho que foi uma decisão deliberada da parte dele. Como explicar que ele está buscando um mandado de prisão para o líder titular do Hamas, Ismail Haniyeh, que, de acordo com os relatórios disponíveis, não estava envolvido nem no planejamento, nem na execução dos ataques de 7 de outubro, mas não tinha nada a dizer sobre o presidente israelense, Isaac Herzog, que fez declarações de gelar

[17] Em 20 de maio de 2024, o Procurador-Geral do TPI anunciou mandados de prisão para três líderes do Hamas junto com o primeiro-ministro israelense Benjamin Netanyahu e o ministro da Defesa, Yoav Gallant.

a espinha sobre basicamente não haver palestinos inocentes na Faixa de Gaza?

Se olharmos para a acusação contra Netanyahu e Gallant, é inconcebível que, por exemplo, o chefe do Estado-Maior de Israel ou o queridinho dos Estados Unidos no gabinete de guerra, Benny Gantz, não estejam tão implicados como estes dois.

Sim, a ideia de que a lei opera acima da política é, eu acho, uma ilusão. Mas, neste caso, Karim Khan conseguiu injetar a lei com política em uma extensão muito significativa, particularmente se ele supostamente tem investigado por anos todas as violações do Estatuto de Roma no que é chamado de "a situação na Palestina" desde 2014. No entanto, para ele, a história começa em 7 de outubro também.

Helena Cobban:

Bem, muito obrigada. Receio que nosso tempo tenha acabado. Então, eu quero agradecer muito a vocês dois pela participação. Foi realmente uma experiência educacional maravilhosa para todos os presentes.

Mouin Rabbani:

Muito obrigado.

Rami Khouri:

Há uma quantidade incrível de *insights*, conhecimento e informações factuais aqui, o que é um ótimo antídoto para especulação, ataques selvagens e suposições publicadas em grande parte da mídia ocidental e na esfera política, e algumas partes do Oriente Médio também. Somos muito gratos, Mouin, por você compartilhar seus pensamentos.

Helena Cobban:

Esperamos que todos se juntem a nós na próxima semana para nosso último webinário na série atual, nosso especialista convidado será o Dr. Azzam Tamimi, que é o editor-chefe do canal de TV *Al-Hiwar* (Dialogue) de Londres. Ele é especialista em questões relacionadas ao pensamento político islâmico, aos movimentos islâmicos e à política do Oriente Médio, ou como eu diria, da Ásia Ocidental, e um distinto autor de vários livros bem recebidos sobre esses tópicos.

CAPÍTULO 5
CONVERSA COM DR. AZZAM TAMIMI

Helena Cobban:

Hoje é o 230º dia do genocídio em andamento de Israel em Gaza. Sejam bem-vindos todos vocês para a quinta sessão de hoje em nossa série de webinários, "Entendendo o Hamas e por que isso importa".

Hoje, nosso formato será um pouco diferente das nossas conversas anteriores, porque nosso especialista convidado não é apenas um especialista acadêmico no movimento Hamas, mas também alguém que em vários momentos esteve bem próximo de sua liderança. O Dr. Azzam Tamimi é o editor-chefe do canal de TV Al-Hiwar ("Diálogo") de Londres. Ele é especialista em questões relacionadas ao pensamento político islâmico, movimentos islâmicos e política da Ásia Ocidental, e é um distinto autor de vários livros bem recebidos sobre esses tópicos. O livro sobre o Hamas que o Dr. Azzam publicou em 2007 foi lançado no Reino Unido sob o título *Hamas, Unwritten Chapters* [Hamas, capítulos não escritos], e nos Estados Unidos saiu com o título intrigante de *Hamas, A History from Within* [Hamas, uma história de dentro do movimento].

Dr. Azzam Tamimi, é um prazer e uma honra tê-lo conosco, de Londres, no webinário de hoje. Sei que muitas pessoas valorizam muito a chance de ter suas perguntas sobre o movimento Hamas respondidas de forma ponderada e direta por alguém com um histórico de conexões próximas a ele.

Dr. Azzam Tamimi:

Muito obrigado. Estou muito feliz de estar com vocês e sou grato por terem me convidado para participar deste webinário.

Helena Cobban:

Bem, é um prazer também. Sei que no último webinário convidei os espectadores a enviar o tipo de pergunta que gostariam que o Dr. Azzam respondesse e agradeço a todos vocês que fizeram isso. No entanto, também tivemos grande interesse em fazer isso com os membros do nosso próprio conselho de diretores na Just World Educational. Então, decidimos dar prioridade às perguntas e trazer alguns deles para participar da conversa com o Dr. Azzam junto com meu coapresentador Rami Khouri e eu.

Antes de começarmos nossa conversa com o Dr. Azzam, quero apresentar nossos membros participantes do conselho. A primeira é Gwendolyn Zoharah Simmons, uma veterana militante por direitos civis e políticos aqui nos Estados Unidos e no mundo todo, e professora emérita de religiões afro-americanas e estudos islâmicos na Universidade da Flórida, estado em que ela ainda mora.

Zoharah é membro fundadora do National Council of Elders e membro do conselho do SNCC Legacy Project e do Civic Media Center. Zoharah, é uma verdadeira honra tê-la conosco.

Zoharah Simmons:

Sim, a honra é toda minha. Estou feliz por estar aqui hoje.

Helena Cobban:

E eu adoro ver aquele livro sobre você, do qual tenho uma cópia, que é sobre sua vida e a do seu ex-marido. Chama-se *Stayed on Freedom* (Permaneceu em liberdade).

Também temos conosco hoje nosso membro do conselho Rick Sterling, que ao longo dos anos fez muitas pesquisas e escritos bem pensados sobre lutas anticoloniais e outros aspectos das relações internacionais. Rick é presidente do conselho do Mount Diablo Peace and Justice Center e também lidera a força-tarefa do centro nas Américas. Ele é membro do Rossmoor Voices for Justice in Palestine e faz parte do comitê diretor do Syria Solidarity Movement.

Rick, é ótimo ter você conosco hoje.

Rick Sterling:

O prazer é todo meu.

Helena Cobban:

E antes de passar a palavra para Rami, temos um terceiro membro do conselho aqui, Nora Barrows-Friedman, líder de longa data no movimento pelos direitos palestinos.

Por muitos anos, Nora foi a produtora sênior e coapresentadora do *Flashpoints*, uma revista de notícias investigativas da rádio KPFA em Berkeley, Califórnia. Mas agora ela é muito mais conhecida pelo trabalho que está fazendo com Ali Abunimah e a equipe da Electronic Intifada, especialmente nas transmissões ao vivo superimportantes que eles têm apresentado sobre o genocídio em Gaza, que acontece toda quarta-feira. Nora também foi a autora superpresciente de um livro que minha empresa, Just World Books, publicou há dez anos, intitulado *In Our Power: U.S. Students Organized for Justice in Palestine* (Nosso poder: estudantes organizados pela justiça na Palestina). E aqui estamos, Nora, dez anos depois!

Agora, Rami, você e Rick podem liderar a primeira parte da conversa com o Dr. Azzam.

Rami Khouri:

Obrigado, Helena. Então vamos começar, Dr. Azzam. Posso perguntar primeiro, até onde você sabe ou entende, o que você acha, ou como você vê, as intenções dos combatentes das Brigadas Qassam que violaram as defesas israelenses e realmente lideraram a operação militar no sul de Israel em 7 de outubro?

Provavelmente não há nada que tenha gerado mais especulação ao redor do mundo do que esse evento em particular. E é importante tentar entender exatamente qual era seu objetivo e como ele deve ser interpretado.

Dr. Azzam Tamimi:

Meu entendimento das conversas que tive com alguns dos líderes do Hamas é de que não se esperava que fosse uma operação tão grande. A intenção era capturar alguns soldados israelenses do batalhão que geralmente fica estacionado em Gaza para fornecer segurança e proteção aos assentamentos dali, para trocá-los por prisioneiros palestinos. A questão dos prisioneiros palestinos, prisioneiros cativos, se preferir, como são chamados em árabe, *al-usra* – esta é uma questão muito importante.

Na verdade, é de suma importância para a maioria dos palestinos porque você dificilmente encontrará uma família palestina em Gaza ou na Cisjordânia que não tenha um membro encarcerado pelos israelenses. E essa experiência mostrou que não há realmente outra maneira de fazer com que os israelenses os libertem sem uma troca de prisioneiros. Então isso foi intencional, essa foi a razão principal.

Há outros fatores, é claro, que contribuíram para isso. O mais óbvio é que a Faixa de Gaza estava sob cerco há dezessete anos e as pessoas estavam realmente sufocando. Os israelenses as mantinham em uma dieta que era medida apenas para que continuassem vivas, sem capacitá-las a realmente aproveitar a vida que lhes é permitida viver.

Rami Khouri:

E pelo que você sabe, como você interpretaria a acusação israelense de que os combatentes do Hamas foram lá deliberadamente com o objetivo de cometer atrocidades contra qualquer um que encontrassem, e porque, como Israel alega, eles odeiam judeus, odeiam Israel, eles querem destruir o país – o que agora é um tema dominante na grande mídia estadunidense, até mesmo entre os líderes políticos estadunidenses. Quão preciso isso é?

Dr. Azzam Tamimi:

As alegações israelenses sobre o que aconteceu no dia 7 de outubro se provaram falsas. Ficou provado até mesmo que são mentiras deliberadas projetadas para justificar o que os israelenses iriam fazer como um ataque de vingança em Gaza, o que vimos acontecendo nos últimos oito meses. A Al Jazeera produziu um excelente documentário sobre isso, citando os próprios israelenses, muitos especialistas ao redor do mundo, ativistas, líderes do Hamas e algumas testemunhas oculares que atestaram que não houve decapitação de bebês, não houve estupro algum, e que mesmo algumas das atrocidades perpetradas naquele dia foram, na verdade, o resultado de duas coisas.

Primeiro, os israelenses tentando entrar e resgatar alguns de seus reféns, e eles começaram a atirar nas pessoas, especialmente naquelas que estavam saindo do festival de dança que coincidiu com o ataque. A maioria das pessoas baleadas naquele dia, na verdade, foram baleadas por helicópteros de ataque. Algumas das casas em que os reféns eram mantidos dentro dos *kibutz* foram na verdade bombardeadas por tanques dos próprios israelenses.

Muitos dos reféns levados para Gaza naquele dia não foram de fato levados por combatentes do Al-Qassam, mas por cidadãos comuns que cruzaram a linha depois que a cerca caiu e estavam com uma sensação jubilosa por terem conseguido pisar na terra natal de seus ancestrais. Porque precisamos lembrar que a maioria dos habitantes de Gaza hoje são, na verdade, descendentes de pessoas que originalmente viveram na terra que foi ocupada em 1948 e transformada no Estado de Israel. Então, essas pessoas estavam voltando para casa, e estavam agindo de uma maneira muito desordeira.

O meu entendimento e conhecimento das brigadas Al-Qassam é que elas são altamente disciplinadas e provavelmente algumas das coisas que lhes são atribuídas, se alguma vez aconteceram, não foram realmente perpetradas por elas, mas provavelmente por outros.

Rami Khouri:

E quanto aos civis israelenses que foram mortos ou feitos reféns em Gaza? Temos conhecimento claro, fatos comprovados sobre se eles foram ou não alvos específicos, ou simplesmente aconteceu que havia tantas pessoas lá que algumas das pessoas de Gaza, seja do Hamas ou de outra forma, fizeram alguns desses civis reféns para negociá-los com os 8 mil palestinos que estavam nas prisões israelenses?

Dr. Azzam Tamimi:

Meu entendimento é que o alvo era o Exército ou pessoas que serviram no exército. E, claro, era de manhã bem cedo e muitos desses cadetes e recrutas do exército estavam em suas roupas civis. Muitos deles estavam dormindo.

Mas sim, de fato, alguns dos civis, especialmente as mulheres, as crianças e os idosos que foram levados para Gaza: meu entendimento é que eles foram levados por pessoas comuns que cruzaram para aqueles territórios. O Hamas, para ser justo, desde o primeiro dia, pediu uma comissão internacional para investigar o que aconteceu, porque os israelenses estavam alegando todo tipo de coisas, e o Hamas foi empurrado para uma posição de autodefesa.

E eles disseram, ok, envie uma comissão internacional e deixe-os investigar o que aconteceu. E estaríamos dispostos a sermos levados a prestar contas se fizemos algo errado. Mas, na verdade, foram os israelenses que se recusaram, e eles insistiram em aproveitar esse evento para esmagar Gaza.

Rami Khouri:

Certo. E o último ponto técnico, se houver um ataque como esse que tenha como alvo apenas os militares israelenses, isso é considerado legítimo sob a lei internacional ou ainda é considerado inaceitável?

Dr. Azzam Tamimi:

A lei internacional em si é uma coisa muito vaga agora, infelizmente. E a maioria das pessoas que falam sobre a lei internacional de forma oficial, representantes do governo, etc., se isentam do que eles falam que os outros devem cumprir. Mas, de qualquer forma, depende de onde a história começa.

Agora, se esta terra é palestina, e se o povo de Gaza são os habitantes originais daquela terra, então, mesmo sob a lei internacional, eles têm todo o direito de lutar e libertar sua terra, a terra que foi tirada deles por pessoas que invadiram a partir da Europa por razões que não tinham nada a ver com a Palestina, mas tinham muito a ver com a própria Europa.

Até recentemente, o mundo não queria ouvir o ponto de vista palestino. Do ponto de vista palestino, Israel é um posto militar avançado do Ocidente.

E, evidentemente, quase todos os israelenses, ao atingirem a idade da maturidade, servem no exército israelense e continuam por muitos anos como reservistas. Eu não sou advogado, não sou especialista em direito internacional, mas posso dizer a vocês, como palestino, a casa da qual minha mãe foi expulsa em Bersebá em 1948 é minha casa. E eu ainda reivindicarei essa casa até minha morte, e meus filhos e netos continuarão reivindicando essa casa.

Então, como o direito internacional se posiciona quanto a isso? Precisamos ouvir os especialistas.

Rami Khouri:

Bem, deixe-me passar a palavra para Rick Sterling, um dos membros do nosso conselho que se junta a nós.

Rick Sterling:

Dra. Tamimi, estou muito feliz de estar aqui hoje e aprender com você.

O promotor-chefe do Tribunal Penal Internacional está buscando mandados de prisão contra dois líderes israelenses e três líderes do Hamas. O que você acha disso? E a adjudicação pode ser justa?

Dr. Azzam Tamimi:

O Hamas respondeu dizendo que isso é injusto, porque é como equiparar os agressores às vítimas. Mas eu pessoalmente posso entender por que o promotor inseriu os nomes do Hamas naquele pedido. Ele queria torná-lo mais palatável para a chamada comunidade internacional, e especialmente para os Estados Unidos da América. Ainda não foi aceito por eles e não foi aceito pelos israelenses. É provavelmente mais simbólico do que prático, porque o Hamas já está proscrito em todo o mundo, inclusive em muitos países árabes, a propósito. Seus líderes não viajam.

Provavelmente Haniyeh é o único agora que precisa reconsiderar se ele for convidado para o Egito.

Não acho que podemos confiar nos egípcios quando se trata do Hamas. Além disso, Mohamed El-Daif e Sinwar estão em Gaza. Então, acho que o promotor queria apenas fazer com que parecesse mais aceitável para um Ocidente muito crítico quando se trata dos Palestinos.

Rick Sterling:

E como você avalia os efeitos da operação de 7 de outubro em geral, tanto no nível humanitário quanto no político?

Dr. Azzam Tamimi:

Acho que o 7 de outubro foi mais bem descrito por alguns jornalistas no mesmo dia em que aconteceu, quando eles o compararam à Ofensiva do Tet no Vietnã. E, francamente, eu não sabia muito sobre a Ofensiva do Tet na época, mas isso me motivou a ir pesquisar e ler, porque eu tinha 15 anos quando a Ofensiva do Tet aconteceu em 1968. Foi uma virada de jogo, em certo sentido.

Era isso que eles queriam nos dizer, porque assim como a Ofensiva do Tet no Vietnã mudou a percepção mundial quando se tratava do envolvimento estadunidense naquela parte do mundo e finalmente levou à retirada americana do Vietnã, o 7 de outubro está tendo um enorme impacto na percepção mundial do conflito. Um conflito que sempre foi retratado como se fosse religioso, ou comunitário, ou por território, ou que é o resultado do antissemitismo árabe ou islâmico, ou algo assim. Agora, os jovens, em particular, os estudantes universitários nos Estados Unidos, assim como em outras partes do mundo, estão realmente voltando às bibliotecas e acessando a internet, e estão pesquisando no Google e procurando informações, e estão descobrindo, muitos deles pela primeira vez, que isso era na verdade algo completamente diferente do que havia sido retratado o tempo todo; que este é outro projeto colonial do Ocidente para alcançar algo que o Ocidente imperialista buscava, e que nisso os palestinos têm sido vítimas desde o início.

Eu acho que isso é muito importante. Não só isso, eu acho que a solidariedade inicial com o povo de Gaza por causa do genocídio que está sendo imposto a eles está se transformando lenta e gradualmente em uma revolução contra a ordem mundial atual, uma ordem mundial cujos líderes em Washington, Londres, Paris, Berlim e em outros lugares do Ocidente provaram a esses jovens – muitos deles são judeus, a propósito – que esta é uma ordem mundial baseada na hipocrisia, em padrões duplos, e toda a conversa sobre democracia e direitos humanos é muito exclusiva e muito seletiva, e está fazendo esses estudantes questionarem a própria legitimidade de tal ordem mundial que hoje está lutando contra eles por querer expressar sua opinião sobre o que acontece em Gaza.

Rick Sterling:

Obrigado. Como você responde às pessoas que dizem que os palestinos em Gaza causaram todo esse sofrimento atual para si mesmos porque votaram no Hamas ou apoiam o Hamas?

Dr. Azzam Tamimi:

Bem, pode-se dizer isso de qualquer luta contra o colonialismo. Provavelmente foi dito no caso dos vietnamitas. Foi dito no caso dos argelinos que lutaram contra os franceses por 132 anos até que eles libertaram seu país. Provavelmente foi dito da maioria negra da África do Sul que lutou contra o apartheid. Quero dizer, quando, agora, voltamos aos anos 1980 e lembramos como Ronald Reagan e Margaret Thatcher chamaram Nelson Mandela de terrorista. Margaret Thatcher até jurou que ele nunca teria permissão de pisar em solo britânico! E então você vê os resultados quando o povo da África do Sul se tornou vitorioso.

A mesma coisa se aplica a qualquer conflito em que as pessoas estejam lutando por sua liberdade. Eu diria a essas pessoas para voltarem e lerem sobre a história deste conflito, descobrirem por si mesmas o que aconteceu com os palestinos. Os palestinos têm todo o direito de resistir à ocupação e à invasão estrangeira.

Rick Sterling:

Ok, muito obrigado, e em seguida teremos perguntas da equipe feminina. Helena? Zoharah?

Zoharah Simmons:

Muito obrigada. Como você avalia as perspectivas de um cessar-fogo duradouro neste momento?

Dr. Azzam Tamimi:

Bem, os palestinos querem um cessar-fogo permanente se conseguirem um. Os israelenses é que não concedem, e eles parecem estar confiantes no apoio estadunidense e europeu. Embora, é claro, ouçamos mais vozes novas hoje em dia pedindo um cessar-fogo, elas não pediram nos primeiros meses desta guerra. Agora, acho altamente improvável vermos um cessar-fogo enquanto Netanyahu estiver no comando da tomada de decisões em Israel, porque esse cara sabe que podem perceber isso como uma derrota para Israel, como um fracasso para Israel, pode marcar o fim de sua carreira política. Então, ele está realmente lutando pela própria carreira política com seu próprio povo e com o povo de Gaza. Até agora, não vejo uma perspectiva de cessar-fogo.

Zoharah Simmons:

E essa próxima pergunta, eu sei, é realmente para nós aqui nos Estados Unidos, mas queremos ouvir de você quais são as perspectivas neste ano de eleições presidenciais aqui nos Estados Unidos, para o presidente Biden aderir à demanda global por um cessar-fogo permanente? Você vê alguma esperança nessa área?

Dr. Azzam Tamimi:

Só é possível se ele sucumbir à pressão doméstica. Meu entendimento é que a pressão de dentro dos Estados Unidos da América está crescendo a cada dia. Mas, é claro, até agora, Biden não mostrou nenhum sinal, de forma alguma. E talvez agora, com Trump elevando o nível de sua retórica em relação a Gaza e os apoiadores da Palestina nos Estados Unidos, e o que pode fazer com eles caso ele se torne presidente, isso pode até empurrar Biden para uma posição mais pró-Israel, em vez de menos. Então, com base no que vimos nos últimos oito meses, não estou realmente tão otimista.

Helena Cobban:

Obrigada, Dr. Azzam. Por que alguém deveria confiar que um cessar-fogo acordado com o Hamas seria respeitado pelo Hamas?

Dr. Azzam Tamimi:

O Hamas é um movimento islâmico. Ele é instruído pelo islamismo. E no islamismo, se você assinou um contrato, é seu dever religioso cumprir os termos desse contrato. Você não pode ser o primeiro a violá-lo ou quebrá-lo. E eu explico isso no meu livro, até mesmo citando exemplos passados de tréguas, tréguas informais, não oficiais, alcançadas com o Hamas ao longo dos anos 1990. E até 2007, início de 2008, sempre foi Israel que violou o entendimento, não o Hamas, nem uma única vez.

Helena Cobban:

Foi isso que aconteceu em novembro passado também? Na verdade, não me lembro, mas sei que houve um cessar-fogo de sete dias muito bem-sucedido, e então desmoronou.

Dr. Azzam Tamimi:

Sim, foram os israelenses que começaram; sim, a mesma coisa.

Helena Cobban:

Você acha que os líderes do Hamas prefeririam ver o Conselho de Segurança da ONU como um todo supervisionando um cessar-fogo para acabar com a guerra de Israel em Gaza? Como o veto dos Estados Unidos no Conselho de Segurança pode ser superado?

Dr. Azzam Tamimi:

Não pode ser superado. O Conselho de Segurança é a instituição mais antidemocrática do mundo. Ele concede poderes irrestritos a alguns membros da chamada comunidade internacional, a ponto de hoje ser realmente apenas Washington e seus aliados, não há mais ninguém. Enquanto esses Estados-membros permanentes tiverem o direito de vetar qualquer resolução, não chegaremos a lugar nenhum; não conseguiremos justiça por meio das Nações Unidas. A Assembleia Geral inteira não importa, porque a Assembleia Geral pode decidir o que quiser, e isso não significaria nada.

Helena Cobban:

Dr. Azzam, eu tenho um pequeno apontamento aqui, na verdade, porque eu cresci na Inglaterra, como você sabe. E quando eu era criança, houve a Crise de Suez de 1956, que foi uma tentativa dos britânicos, franceses e israelenses de derrubar o presidente Gamal

Abdel Nasser do Egito. E os estadunidenses naquela época se opuseram a isso.

A Grã-Bretanha e a França tinham um veto naquela época no Conselho de Segurança. Os Estados Unidos conseguiram anular esse veto por meio de pressão econômica. Você vê isso como uma perspectiva de algo que pode acontecer em breve, dada a atual ordem internacional?

Dr. Azzam Tamimi:

Não tão cedo, mas podemos sonhar com um momento no futuro em que os Estados Unidos da América serão liderados por uma administração sã e justa. Eles provavelmente apoiarão o que é justo em vez do que é injusto. Mas nas circunstâncias atuais, não vejo isso acontecendo.

Helena Cobban:

Obrigada. Vou passar a palavra para você, Nora, se puder assumir a liderança.

Nora Barrows-Friedman:

Tudo bem. Muito obrigada, Dr. Azzam. Houve desacordo público entre os governos dos Estados Unidos e de Israel sobre o que deveria acontecer no chamado "dia seguinte", quando houver um cessar-fogo. Você considera esses argumentos sérios ou são apenas enfeites? Quero dizer, obviamente Israel e os Estados Unidos teriam que vencer a guerra primeiro e não parece que isso esteja acontecendo.

Dr. Azzam Tamimi:

Eu acredito que quaisquer desentendimentos entre Washington e Tel Aviv são reais. Eu não diria sérios, mas eu diria que são reais. E isso ocorre simplesmente porque há pessoas em Washington que discordam da atual administração em Israel quanto à maneira como as coisas são feitas por medo do futuro de Israel, na verdade, não por simpatia pelos palestinos.

Eles estão preocupados com o que Netanyahu pode fazer a Israel e ao projeto sionista. Eu pessoalmente acredito que até mesmo os três países europeus que recentemente decidiram reconhecer a Palestina como um Estado também emanam do mesmo medo. Eles estão fazendo isso contra Netanyahu e não a favor dos palestinos. Porque eu posso dizer a você, como um palestino, que não faz diferença para minha causa se eles reconhecem a Palestina como um Estado ou não.

Na prática, não significa nada. Para nós, a questão não é ter ou ter um Estado. Para nós, a questão é estar livre da ocupação, da invasão estrangeira que sofremos. Quero a casa da minha mãe de volta e nunca, jamais, reconhecerei a legitimidade da ocupação de qualquer parte da Palestina, seja ela ocupada em 1948 ou 1967. Mas veja, em Washington, assim como em outras capitais europeias, há pessoas que estão realmente preocupadas com a ascensão do chamado sionismo religioso. É uma forma fanática de sionismo, provavelmente nunca prevista pelos pais fundadores do sionismo, que eram seculares e ateus e foram condenados pelas comunidades religiosas da Europa e dos Estados Unidos na época.

Então, há essa preocupação, e é uma preocupação para Israel.

Nora Barrows-Friedman:

Relacionado a isso, Washington parece querer juntar uma coalizão de Estados árabes que, junto com o Fatah, as forças da Autoridade Palestina de alguma forma, ajudariam os Estados Unidos e Israel a administrar Gaza após o cessar-fogo. É um plano realmente surpreendente. E, novamente, eles teriam que vencer a guerra primeiro. Você acha isso viável? E se não, por quê?

Dr. Azzam Tamimi:

Sabe, temos um provérbio em árabe que diz que aquele que tenta o que já foi tentado é louco: há algo errado com sua capacidade mental. Quero dizer, passamos por isso tantas vezes desde 1948, não apenas desde 1993, quando os Acordos de Oslo foram assinados. A menos que a raiz do problema seja atacada, sempre haverá uma nova geração de combatentes da resistência.

Veja, meu avô lutou contra os britânicos. Meu pai lutou contra os sionistas. As pessoas da minha geração e da geração dos meus filhos agora estão resistindo ao atual regime sionista. Isso vai continuar. E agora eles queimaram Gaza quase completamente. Eles destruíram toda a sua infraestrutura. Eles tentaram contrabandear alguns elementos da Autoridade Palestina. Não funcionou.

Não funciona porque o povo de Gaza sabe quem é o inimigo. O inimigo não é o Hamas. O inimigo é a ocupação israelense e aqueles que apoiam essa ocupação.

Nora Barrows-Friedman:

E a Autoridade Palestina é realmente a quem está trabalhando como subcontratada nesta ocupação.

Helena Cobban:

Se eu pudesse interromper, eu encontrei algo realmente incrível do Centro Palestino de Política e Pesquisa de Levantamento. E se você olhar aqui na Faixa de Gaza, entre dezembro e março, a pesquisa de opinião sobre o apoio ao Hamas na verdade aumentou.[18]

Dr. Azzam Tamimi:

Se me permite acrescentar, veja bem, no Ocidente, havia tomadores de decisão e a grande mídia. E estou realmente feliz que a

[18] Ver apêndice 6.

grande mídia não seja mais a fonte de informação. Agora, com o fim do monopólio da informação e da educação por causa de todos os meios e ferramentas alternativas, o mundo está muito mais esclarecido.

Mas, geralmente, os tomadores de decisão e jornalistas na grande mídia, como é chamada, retratam o conflito como se fosse entre um grupo marginal chamado Hamas e os israelenses. Você vai e fala com qualquer criança palestina em qualquer lugar do mundo, em Gaza, na Cisjordânia, na diáspora. Os palestinos sabem o que aconteceu com eles. Eles sabem o que aconteceu com seus avós. Eles sabem a história toda. Então não é uma questão do Hamas. Mesmo que eles destruam o Hamas, mesmo que o Hamas se vá, haverá alguma outra coisa em breve no futuro.

Helena Cobban:

Com você, Rami.

Rami Khouri:

Houve muitas discussões ao longo dos anos, geralmente lideradas por membros de diferentes movimentos palestinos que estão em prisões israelenses, para unificar todo o mundo político palestino, Fatah e Hamas e FPLP e muitos grupos menores, para que haja uma única liderança nacional unida, que havia cerca de quinze anos atrás, e os israelenses se recusaram a negociar com eles. Então os israelenses sempre dizem que não podem negociar e que os palestinos estão divididos.

Quando eles estavam unidos sob Arafat, com o Hamas dizendo que iríamos junto com qualquer coisa que fosse negociada e os palestinos concordassem, nós apoiaríamos. Mas quando há um movimento nacional palestino unificado, os israelenses se recusaram a lidar com isso. Então, como você vê hoje a viabilidade de mais uma vez, no futuro, tentar recriar uma única liderança política nacional palestina legítima?

Dr. Azzam Tamimi:

Sim, você está certo. Houve esforços ao longo deste caminho. E tenho certeza de que sempre haverá esforços para reunir os palestinos e unificá-los. Mas o verdadeiro problema é estar unido em quê? Esta é a questão. Isto não é um pedaço de bolo que as pessoas querem compartilhar de forma justa. Isto é uma ideia. Ou você concorda com a ideia ou discorda dela. Qual é a ideia aqui? A ideia é que a Palestina está ocupada por invasores. E que nós, palestinos, temos todo o direito de lutar para recuperar nossa terra natal.

Se há uma parte dos palestinos que decide: é impossível, não podemos libertar nosso país, não podemos recuperar nossa terra natal, então podemos muito bem aceitar o que eles estiverem dispostos a nos dar. Era disso que Oslo se tratava.

Essa é uma divisão real. É impossível. Você não pode concordar com algo assim. Estávamos nos aproximando de algum tipo de acordo sobre unificação, quando ficou claro para Yasser Arafat que seu caminho em Oslo estava errado. E isso foi especialmente quando ele retornou de Camp David em 2000 e sentiu que Clinton e Ehud Barak estavam forçando goela abaixo algo que ele nunca poderia aceitar. E havia uma harmonia de visão [do lado palestino]. E isso é o que importa. Precisamos ter harmonia de visão. Não se trata de quantas cadeiras você tem no parlamento, ou quantas cadeiras você tem na OLP, ou em um conselho. Não, é sobre qual é a nossa visão da Palestina. Esta é a principal discordância.

Rami Khouri:

E se o Hamas e os outros movimentos palestinos recriarem um único movimento nacional, e ele traçar um plano, como já fez antes, para lidar com Israel, negociar e até mesmo aceitar viver ao lado dele, em um Estado palestino se certas questões forem tratadas, você acha que o Hamas estaria disposto a viver com o Estado de Israel em suas fronteiras de 1967, em um acordo de paz permanente de longo prazo? Porque há uma enorme discussão sobre isso.

E uma das principais questões que se apresentam contra o Hamas e os palestinos aqui no Ocidente é que eles só querem destruir Israel. Enquanto a OLP antes, e o Fatah, e o Hamas até recentemente, repetidamente disseram que estão dispostos a negociar e coexistir.

Então você pode esclarecer para nós sua compreensão da posição do Hamas sobre a coexistência em dois Estados adjacentes?

Dr. Azzam Tamimi:

Desde que o Hamas participou das eleições em 2006, ele desenvolveu uma nova posição, que era realmente impensável antes. E isso é o que se pode descrever como um reconhecimento *de facto*, não um reconhecimento *de jure* do status quo. Status quo significa que, sim, Israel existe, ele existe em nossa terra natal; não aceitamos isso, mas estamos dispostos a viver com isso se um Estado palestino for autorizado a ficar ao lado dele.

E isso foi finalizado no documento de 2017, que foi realmente o último projeto de Khaled Meshaal como chefe do birô político. No entanto, essa não é a questão. As pessoas querem sempre que os palestinos digam o que pensam de Israel. Eles nunca vão a Israel e perguntam a Israel o que pensam dos palestinos, da Palestina. E tudo o que os israelenses estavam interessados, mesmo durante a época de "pacifistas" como Rabin, era transformar a OLP em uma agência colaborativa para ajudar Israel a viver em paz e segurança. Isso é tudo, na verdade.

Mas as esperanças palestinas, as aspirações palestinas, os sonhos palestinos – eles não existem. Se você me perguntar pessoalmente, acho que é altamente improvável que cheguemos a essa situação em que há dois Estados, um chamado Palestina e outro chamado Israel. E isso não é por causa dos palestinos. É por causa dos sionistas, por causa da maneira como o próprio projeto sionista está se desenvolvendo.

Há pessoas no comando em Israel que acreditam ter uma licença de Deus para queimar Gaza, não uma, não duas, mas três vezes, quatro vezes se necessário. E eles acreditam que estão fazendo algo fantástico, algo bom. Eles não acreditam que os palestinos tenham o direito de existir em qualquer lugar, embora pelo menos um segmento dos palestinos tenha concordado em reconhecer o direito de Israel de existir. Não houve nenhuma reciprocidade real.

De 1993 a 1998, era para haver um Estado palestino. E em vez disso, toda a Palestina está perdida. Quase toda a Cisjordânia agora é tomada por colonos, e os números estão aumentando, e os assentamentos estão aumentando, e o confisco de terras está aumentando. Nosso povo em Al-Khalil [Hebron], na minha cidade natal, nosso povo no resto da Cisjordânia, muitos deles têm suas casas demolidas pelas mais triviais razões e justificativas. Veja, esse é o problema. O problema não é com os palestinos. O problema é com o outro lado. E eu acho que é hora do mundo trabalhar do outro lado.

Rami Khouri:

Ok, vamos passar a palavra para Rick Sterling para finalizar este segmento.

Rick Sterling:

Dr. Tamimi, como você bem sabe, a acusação sempre feita é de que o Hamas só quer matar judeus. Você poderia comentar sobre isso e contrastar com seu entendimento de qual é o verdadeiro inimigo do Hamas e a ideologia sionista?

Dr. Azzam Tamimi:

Houve uma época em que o Hamas surgiu com uma carta, em 1988, que dava essa impressão. Deu a impressão de que essa luta é por causa de religião, ou que os judeus são o problema, etc. E, na verdade, isso foi um grande erro, e eu critiquei essa carta no meu livro em um capítulo inteiro. Acho que é a pior coisa que já aconteceu ao Hamas. E a razão pela qual isso aconteceu, na verdade, é que a maioria dos líderes do Hamas na época estavam na prisão, e um homem que estava no comando decidiu escrever uma carta e publicá-la.

No entanto, se você perguntar aos líderes e aos membros do Hamas, há uma clareza de visão em relação a essa questão. Esta não é uma guerra entre muçulmanos e judeus. Esta não é uma guerra religiosa. Judeus viveram nesta parte do mundo, em todo o Oriente Médio, por séculos, com os cristãos, com os muçulmanos. Na verdade, você descobre que as comunidades mais antigas, comunidades judaicas e comunidades cristãs do mundo vivem naquela parte do mundo, porque havia uma fórmula para coexistência pacífica.

O problema começou com o sionismo, e acho que os líderes do Hamas entendem isso agora. Eles provavelmente não expressam isso muito bem. Eles provavelmente não têm a oportunidade de sequer expressar, porque quantos líderes do Hamas são entrevistados pela grande mídia todos os dias? Recentemente houve um jornal na Suíça que estava muito interessado em entrevistar Khaled Meshaal, e os jornalistas que estavam entusiasmados com a ideia tiveram que lutar com a gerência para convencê-los de que seria uma boa entrevista.

Então, as pessoas do Hamas não têm sequer a chance de falar com a comunidade mundial sobre o que eles realmente acreditam. Você é facilmente rotulado. Até mesmo pessoas como eu, e eu nem sou membro do Hamas.

Nunca ocupei uma posição no Hamas, mas porque escrevi um livro sobre o Hamas, porque tentei explicar o Hamas ao mundo, a maioria da grande mídia ocidental não me entrevista, não me ouve.

Imagine, aqueles oito meses, alguém como eu deveria estar em todos os canais! Mas nenhum deles [me convidou], e a razão é que eles têm medo de dar lugar, de dar espaço para pessoas que têm uma narrativa diferente.

A narrativa que é aceita oficialmente pelo Hamas é que esta é uma luta com o sionismo e não com os judeus. Os líderes do Hamas recebem delegações judaicas ortodoxas do Naturei Karta e delegações judaicas seculares também. Eles não têm problema – Nós não temos problema com os judeus. Ao contrário, hoje, estou pedindo uma aliança entre aqueles que apoiam a justiça na Palestina, independentemente de sua religião, sejam eles muçulmanos, judeus, cristãos, ateus, budistas, sikhs, seja qual for: qualquer religião, com base em nossa humanidade. Se acreditamos na justiça, a Palestina é uma causa justa, assim como foi a luta contra o apartheid, o imperialismo estadunidense no Vietnã e o colonialismo francês na Argélia.

Rick Sterling:

Muito obrigado. A África do Sul desempenhou um papel muito importante ao ir à Corte Internacional de Justiça e acusar Israel de genocídio. Você pode comentar sobre as comparações entre Israel e o sionismo e o apartheid na África do Sul, e como o apartheid foi superado na África do Sul e o que você espera para a Palestina?

Dr. Azzam Tamimi:

Se você realmente ler sobre o sionismo como uma ideologia, o sionismo é racista porque eles acreditam que, se você for judeu, então você tem o direito dado por Deus de vir a esta terra e viver nela, ou sobre ela, às custas de seus nativos. E isso é exatamente o que o apartheid foi na África do Sul. O apartheid discriminou as pessoas por causa da cor de sua pele. O sionismo discrimina os outros por causa da sua filiação religiosa. E olhe para o tipo de leis que existem em Israel: uma lei para os judeus; uma lei para os não judeus.

A similaridade é quase idêntica em termos de ideologia, e eu acho que é por isso que o povo da África do Sul entende a situação dos palestinos mais do que qualquer outra pessoa, porque eles passaram por isso. E podemos chegar de fato a uma solução permanente na Palestina semelhante à alcançada na África do Sul. Quando eles foram até Nelson Mandela em sua cela na Ilha Robben e disseram a ele, vamos lá Nelson, precisamos acabar com esse caos e com essa violência, etc. Ele disse, muito fácil, chega de apartheid e podemos viver em paz.

E nós na Palestina dizemos a mesma coisa: chega de sionismo e podemos viver em paz. Não vamos mandar nenhum judeu para lugar nenhum do mundo, eles podem ficar. Não temos problemas com eles como judeus, mas temos problemas com eles como pessoas que acreditam que têm direitos dados por Deus para nos discriminar. Esse é o problema.

Rick Sterling:

Muito obrigado. Vamos voltar para o time feminino.

Helena Cobban:

Eu quero entrar com uma história pessoal sobre esse último ponto sobre a natureza do sionismo. Eu cresci na Inglaterra, como mencionei. Então eu vim para este país [Estados Unidos], e me casei com Bill Quandt, que é estadunidense. E isso foi, digamos, em meados da década de 1980. Nós concordamos sobre muitas coisas, mas uma coisa sobre a qual discordávamos era a resolução da ONU de que sionismo é racismo. E eu disse, bem, é claro que sionismo é racismo. E ele disse, não, não é racismo. E então descobriu-se que, na verdade, os estadunidenses têm uma compreensão muito distinta do conceito de racismo que não é compartilhada pelos ingleses.

Para os estadunidenses, o conceito de racismo está sempre ligado à cor da pele por causa da história particular dos Estados Unidos. Quando a Assembleia Geral da ONU e o Conselho de Segurança aprovaram a resolução de que o sionismo é racismo, uma das primeiras coisas que os sionistas fizeram foi importar para Israel muitos judeus etíopes.[19] E então eles puderam dizer, olha, como o sionismo pode ser racismo? Temos esses israelenses de cor marrom e preta. E para muitos estadunidenses, isso realmente funcionou. Então, isso é apenas uma pequena nota de que há esse tipo de mal-entendido transatlântico sobre o que o conceito de racismo significa.

E sinto muito por nesse ponto ter que enviar isso a você, Zoharah, porque você sabe de racismo melhor do que qualquer um aqui.

Zoharah Simmons:

Fico feliz. Também vou inserir contar uma breve história. Na minha primeira viagem aos Territórios Ocupados e a Gaza em 1994 como parte de uma delegação religiosa internacional, no minuto em que comecei a me mover, soube imediatamente o que estava acontecendo, porque como uma anciã que cresceu no

---

[19] Uma referência à Operação Moisés, um projeto que a IDF e a CIA lançaram em conjunto em 1984 para transportar milhares de judeus etíopes para Israel.

sul de Jim Crow durante toda a minha vida, nascida e criada em Memphis, Tennessee, eu tinha vivenciado a forma estadunidense de apartheid. E então eu pensei "Eu sei o que está acontecendo aqui. Está claro". Embora alguns palestinos se pareçam muito com algumas pessoas que são judias, não importava. Ainda era apartheid. E eu sabia disso em 1994.

Mas indo para a nossa próxima pergunta, toda a minha área de especialização acadêmica tem sido na lei *sharia*. E eu vivi na Jordânia por dois anos, trabalhando com as mulheres de lá, tentando entender o impacto da lei *sharia* nas mulheres, e tive o grande prazer de trabalhar com Ellen Khouri durante esses dois anos, pois sua organização estava focada nisso. Então, minha pergunta é: o Hamas apoia a lei *sharia* no que se refere aos direitos das mulheres?

A demonização do Hamas no Ocidente geralmente se concentra no fato de o Hamas ser um grupo islâmico e que, se eles estivessem no controle, as mulheres não teriam direitos de nenhum tipo, etc. Então, você pode abordar isso, por favor?

Dr. Azzam Tamimi:

Bem, esse é um tópico muito vasto.

Zoharah Simmons:

Eu sei.

Dr. Azzam Tamimi:

É preciso definir o que significa *sharia*, explicar o que é, e que tipo de direitos ou não. É realmente uma grande questão. Mas o Hamas, em seu formato atual, é na verdade um movimento de libertação nacional.

Não se vê na literatura deles ou em suas discussões, ou em sua retórica, nenhuma conversa sobre essas questões, porque elas devem ser deixadas para a própria sociedade. Quero dizer, fale sobre a sociedade palestina, ou qualquer sociedade árabe: é uma sociedade majoritariamente muçulmana, e os muçulmanos têm todo o direito de decidir por que tipo de lei eles querem ser governados. É tão simples. Eles acreditam na democracia, eles aceitam a democracia, eles acreditam que não há contradições reais entre os valores islâmicos e os direitos humanos universais.

Quando se trata de aplicabilidade e praticidade, resta ver como as pessoas vão fazer isso, porque se usa o termo lei *sharia*, por exemplo. Na verdade, *sharia* é uma coisa e lei é outra, embora você esteja combinando as duas.

A *sharia* é um conjunto de diretrizes amplas, enquanto as leis são o produto da jurisprudência, e isso pode variar, pode se desenvolver; as pessoas podem ter desacordos, e as circunstâncias podem impactar em que tipo de leis, quando e onde, etc. Mas não há nada na experiência do Hamas ou na literatura do Hamas que mostre que ele quer impor qualquer coisa a ninguém.

Na verdade, a razão pela qual o Hamas está governando em Gaza é porque isso foi imposto a ele. Não é algo que ele tenha escolhido. Lembre-se de quando houve um governo de unidade nacional logo após as eleições de 2006, e então os estadunidenses intervieram e enviaram [Keith] Dayton com seu plano, e eles tentaram dar um golpe de Estado, e isso resultou em uma luta interna entre o Fatah e o Hamas, e terminou com a Cisjordânia sob o Fatah e Gaza sob o Hamas.

Esta situação não é normal, e o próprio povo de Gaza – eu fui a Gaza cerca de quatro ou cinco vezes entre 2010 e 2013, antes do golpe no Egito em 2013, e as pessoas realmente escolheram como queriam viver. Mas é um povo majoritariamente muçulmano. Eles acreditam no islamismo. Não é que essas pessoas tenham nomes muçulmanos, mas elas não se identificam com o islamismo. Elas se identificam com o islamismo, com vários níveis de compreensão, níveis de observância, níveis de comprometimento, é verdade. Mas quando se trata do básico, geralmente as pessoas não discordam.

Zoharah Simmons:

Só para dar continuidade: sei que você coeditou um livro sobre secularismo árabe. Por causa da demonização do Hamas no Ocidente, as pessoas dirão que a razão pela qual as mulheres em Gaza usam a *abaya* e o *hijab* é porque elas são forçadas pelo Hamas. É nisso que muitos acreditam, e isso é usado para virar os ocidentais contra o Hamas, então é por isso que eu estava perguntando o que você pensa.

Dr. Azzam Tamimi:

Claro, eu entendo. Não é verdade que eles estão impondo qualquer costume a alguém. Não é verdade de forma alguma, e há também uma comunidade cristã em Gaza. Eles estão sofrendo tanto quanto os muçulmanos.

Como mostra o livro que coeditei, a questão sobre o secularismo é, na verdade, uma coisa europeia por boas razões. Porque a Europa teve uma experiência muito ruim com religião. A igreja na Europa desempenhou um papel muito negativo quando se tratava de educação, de ciência, de livre pensamento, etc. Essa não é a experiência islâmica.

Claro, temos nossas experiências ruins, mas geralmente o islamismo como religião não tem uma igreja, não tem uma autoridade que afirma ser divina ou ordenada pelo divino, e o islamismo encoraja o aprendizado, encoraja a pesquisa, encoraja a viagem pela terra e a busca por sinais, etc. E provavelmente o cristianismo em suas origens era assim, mas estou falando de uma igreja dos tempos medievais em diante que se tornou corrupta e associada ao despotismo. E foi isso que inspirou a ideia da separação entre religião e Estado, a ideia do secularismo.

O secularismo chegou à região, ao Oriente Médio, não por meio do desenvolvimento natural, porque sentimos que precisávamos fazer isso para progredir. Chegou até nós durante o período do colonialismo. Os colonialistas o trouxeram até nós.

Eles estavam pisando em nossas cabeças. Eles estavam nos sufocando e nos dizendo, seu modo de vida não é aceitável. Vocês têm que seguir o nosso modo de vida. Isso é parte do imperialismo.

Zoharah Simmons:

Então, a próxima pergunta, o que você diz às pessoas que acusam o Hamas de já ter demonstrado tendências muito ditatoriais durante o tempo em que esteve "governando" Gaza? Muitos no Ocidente dizem que o Hamas reprimiu duramente os oponentes políticos, que agiu duramente contra gays e lésbicas e tentou impor restrições rígidas às mulheres. E, claro, eles são acusados de não permitir nenhuma eleição desde 2006.

Então, o que você diz sobre essas acusações?

Dr. Azzam Tamimi:

Na verdade, eles sempre quiseram as eleições. O Hamas gosta de eleições porque eles as ganham, sejam eleições de estudantes, sindicatos ou do que for. Eles não têm problemas com eleições.

Quero dizer, as pessoas podem dizer o que quiserem. Mas, na realidade, se você for a Gaza, se você tiver a oportunidade, quero dizer, no passado. (Agora, é claro, ninguém pode ir a Gaza.) Mas se você tivesse a oportunidade de ter ido a Gaza no passado, você poderia ver *in loco* que muito do que é dito no Ocidente não é muito exato.

E, claro, o Hamas tem seus próprios oponentes. Faz parte da competição e desse conflito entre Fatah e Hamas, como você pode manchar a imagem do seu oponente para ganhar o apoio da população em geral. Há tanta injustiça no que se diz sobre o Hamas.

Agora, quando se trata de homossexuais, gays e lésbicas, o Hamas nem fala sobre isso. Não está na retórica deles. Não está no discurso deles porque não é uma questão. É uma questão para o Ocidente. Não é uma questão para nós. Essas coisas geralmente são inaceitáveis em nossas sociedades. E o Ocidente não pode nos dizer o que aceitar ou não. Depende do nosso povo. E, a propósito, isso se aplica a cristãos e muçulmanos e provavelmente a todos os judeus que viveram no Oriente Médio até Israel ser criado.

Nora Barrows-Friedman:

Parece-me que, da forma como o Hamas é visto e demonizado no Ocidente, as pessoas usam esses chamados direitos das mulheres ou direitos queer como um porrete para desviar qualquer tipo de apoio a uma luta de libertação nacional, como se o Ocidente fosse um pioneiro dos direitos das mulheres e dos direitos gays. É completamente absurdo.

Mas o que você pode dizer especialmente sobre a maneira como a resistência é vista? Quero dizer, nós enaltecemos a resistência dos *partisans* e dos combatentes do Gueto de Varsóvia durante a Segunda Guerra Mundial. Nós enaltecemos por muito tempo a luta antiapartheid na África do Sul.

Helena Cobban:

Que foi uma luta militar.

Nora Barrows-Friedman:

Que tinha uma ala armada.

Helena Cobban:

E foi por isso que Mandela foi preso.

Nora Barrows-Friedman:

Exatamente. Isso mesmo. E agora nós, coletivamente no Ocidente, as pessoas são muito compreensivas e até celebram essa luta. Bem, talvez não celebrem, mas entendam o papel que a resistência armada desempenhou naquela luta de libertação nacional. Eu sei, e muitos dos meus colegas sabem, que nas próximas décadas as pessoas olharão para trás na luta de libertação da Palestina, e especialmente a resistência armada, e entenderão isso pelo que é agora. Como você acha que a resistência armada será lembrada, será comemorada? Você acha que há alguma maneira de o Ocidente ver a resistência armada palestina como uma ferramenta importante da luta de libertação que será vencida?

Dr. Azzam Tamimi:

Ah, definitivamente. Quero dizer, o que as pessoas pensam do Viet Cong hoje?

Nora Barrows-Friedman:

Sim.

Dr. Azzam Tamimi:

O que eles acham da ala armada do CNA na África do Sul? O que eles acham do movimento de resistência argelino?

Ou a resistência francesa contra os nazistas? Na época, aqueles que estavam no poder, se fossem corruptos, resistiriam a reconhecer as coisas como elas são. Eles só querem manchá-las, pintar uma imagem diferente delas.

Certa vez, fiz um discurso em um comício na Trafalgar Square, no centro de Londres, e disse: tenho um sonho – talvez citando Martin Luther King – tenho um sonho de que, assim como Nelson Mandela foi recebido neste país como um herói, o xeque

Ahmad Yassin um dia será recebido em Londres como um herói. Porque é a mesma resistência, é o mesmo princípio, é lutar pela justiça. Não somos os agressores.

Não fomos à Europa e a invadimos. A Europa veio até nós e nos invadiu. Minha mãe foi expulsa de casa, assim como centenas de milhares de palestinos em 1948. Cada um deles tem o direito de lutar, e seus filhos e netos também têm esse direito. E não importa o que Biden diga, não importa o que qualquer pessoa no mundo diga, continuaremos a acreditar neste direito, continuaremos a resistir e continuaremos a lutar até que a Palestina esteja livre do rio ao mar.

Helena Cobban:

Bem, isso é algo difícil de acompanhar. Mas se Rick ou Zoharah ou Rami tiverem uma última pergunta?

Rami Khouri:

Em algum momento, espero, haverá uma negociação política para resolver o conflito subjacente, que você corretamente explica como agressão e deslocamento de palestinos. E temos documentos em casa que mostram que temos propriedade de terras na área da Universidade de Tel Aviv, que estão em nome da família da minha esposa.

Temos esses documentos. Aquela terra não foi vendida, não foi alugada. Foi apenas tomada. Essas questões precisam ser negociadas. Se milagrosamente houver uma negociação internacional séria entre Israel e Palestina e outros, como a conferência de Madri ou algo assim, mas uma digna de confiança e séria, o Hamas estaria envolvido? E o que eles exigiriam como garantias para ter certeza de que este é um processo confiável e não um processo pouco sério, como foi o processo de Oslo?

Dr. Azzam Tamimi:

Claro, eles estariam ansiosos para participar, definitivamente, se for sério e sincero. Vou lhe dizer como podemos saber se é ou não. Se os sionistas vierem até nós amanhã e disserem, assim como a minoria branca na África do Sul disse à maioria negra: palestinos, lamentamos o que fizemos a vocês. Foi errado. Nós invadimos, ocupamos suas terras, nós os desapropriamos. Mas agora queremos começar uma nova página, um novo capítulo. Queremos viver juntos. Vocês concordam? Eu diria, é claro, que concordamos. Vamos sentar e conversar.

Rami Khouri:

Obrigado.

Helena Cobban:

Muito obrigado. Acho que o tempo acabou. Esta conversa foi incrivelmente rica. E, realmente, Dr. Azzam, quero agradecer por se expor. Nós dissemos que faríamos algumas perguntas difíceis e acho que todos nós aprendemos muito. Então, muito, muito obrigado por ter vindo.

Dr. Azzam Tamimi:

Bem, muito obrigado por me dar a oportunidade. Obrigado.

Helena Cobban:

E agora eu quero agradecer a todos os nossos membros do conselho convidados. Eu os chamo de convidados porque vocês não são Rami ou eu, mas são membros do conselho da Just World Ed que vieram e enriqueceram profundamente nossa conversa. Obrigada, Zoharah Simmons, Rick Sterling e Nora Barrows-Friedman. Foi um prazer tê-los aqui.

E, claro, meus profundos agradecimentos a Rami Khouri, que tem sido meu copiloto em toda essa série até agora. Rami, como tem sido para você?

Rami Khouri:

Bem, tem sido muito instrutivo. Quero dizer, eu convivi com essa questão a minha vida toda. Eu nasci em 1948, e conheci pessoas do Hamas e do Hezbollah e outros ao longo da minha carreira jornalística.

Então eu sei muito sobre esses grupos, mas aprendi algumas coisas novas, é claro, com o Dr. Azzam e com cada um dos nossos convidados acadêmicos que tivemos. O que isso mostra realmente é a necessidade crítica de que mais conhecimento confiável e verificável seja amplamente compartilhado. E é isso que o governo israelense, o governo estadunidense em geral e a grande mídia e a política nos Estados Unidos não querem que aconteça.

Eles não querem abrir a questão para discussão como estamos fazendo. O que os sionistas fizeram de errado? O que os árabes fizeram de errado, os palestinos, seja lá o que for?

Eles querem apenas reforçar o status quo nos demonizando. E eles fizeram isso com todos os líderes árabes fortes nos últimos cinquenta anos, de Abdel Nasser a Saddam Hussein, de Hafez al-Assad aos palestinos, Yasser Arafat. Toda vez que um líder palestino ou árabe fica um pouco mais forte, obtém algum apoio popular, eles o demonizam e por fim ele se vai.

Então o que fazemos é realmente importante. Compartilhar conhecimento é absolutamente importante. E eu acho que com o Just World Ed, Helena, você fez um ótimo trabalho em abrir esse caminho. O nosso desafio juntos é expandi-lo e alcançar mais pessoas, e é o que faremos.

APÊNDICE 1
O pacto do Movimento de Resistência Islâmica (Hamas), trechos

18 de agosto de 1988

Fonte: Yale Law School, Avalon Project. Disponível em: avalon.law.yale.edu/20th_century/hamas.asp

***

Pontos de partida ideológicos

Artigo um:

O Movimento de Resistência Islâmica: o programa do Movimento é o Islã. Dele, se extrai suas ideias, modos de pensar e entendimento do universo, da vida e do homem. Se recorre a ele para julgamento em toda a sua conduta, e é inspirado por ele para orientação de seus passos.

A relação do Movimento de Resistência Islâmica com o Grupo da Irmandade Muçulmana:

Artigo dois:

O Movimento de Resistência Islâmica é uma das alas da Irmandade Muçulmana na Palestina...

***

Artigo quatro:

O Movimento de Resistência Islâmica acolhe todo muçulmano que abraça sua fé, ideologia, segue seu programa, mantém seus segredos e quer pertencer a suas fileiras e cumprir o dever. Alá certamente recompensará tal pessoa.

Extensão de tempo e lugar do movimento de Resistência Islâmica:

Artigo cinco:

Extensão temporal do movimento de resistência islâmica: ao adotar o islamismo como seu modo de vida, o movimento remonta ao tempo do nascimento da mensagem islâmica, do ancestral justo, pois Alá é seu alvo, o Profeta é seu exemplo, e o Alcorão é sua constituição...

Características e independência:

Artigo seis:

O Movimento de Resistência Islâmica é um distinto movimento palestino, cuja lealdade é a Alá, e cujo modo de vida é o Islã. Ele se esforça para levantar a bandeira de Alá sobre cada centímetro da Palestina, pois sob a asa do Islã, seguidores de todas as religiões podem coexistir em segurança e proteção onde suas vidas, posses e direitos estão envolvidos. Na ausência do Islã, a discórdia será abundante, a opressão se espalha, o mal prevalece e cismas e guerras eclodirão...

A universalidade do Movimento de Resistência Islâmica:

Artigo sete:

Como resultado do fato de que aqueles muçulmanos que aderem aos caminhos do Movimento de Resistência Islâmica espalhados por todo o mundo, reúnem apoio para ele e suas posições, se esforçam para melhorar sua luta, o Movimento é universal...

O Movimento de Resistência Islâmica é um dos elos da cadeia da luta contra os invasores sionistas. Ele remonta a 1939, ao surgimento do mártir Izz al-Din al Qassam e seus irmãos, os lutadores, membros da Irmandade Muçulmana. Ela continua a se estender e a se unir com outra cadeia de lutas palestinas, incluindo a Irmandade Muçulmana em 1948 e as operações de (em itálico) jihad da Irmandade Muçulmana em 1968 e depois...

O Profeta, que Alá o abençoe e lhe conceda salvação, disse: "O Dia do Julgamento não chegará até que os muçulmanos lutem contra os judeus (matando os judeus), quando os judeus se esconderão atrás de pedras e árvores. As pedras e árvores dirão Ó muçulmanos, Ó Abdulla, há um judeu atrás de mim, venha e mate-o. Somente a árvore Gharkad (evidentemente um certo tipo de árvore) não faria isso porque é uma das árvores dos judeus." (relatado de al-Bukhari e muçulmanos).

***

Estratégias do Movimento de Resistência Islâmica: Palestina é *Waqf* islâmico:

Artigo onze:

O Movimento de Resistência Islâmica acredita que a terra da Palestina é um *Waqf* islâmico consagrado para as futuras gerações muçulmanas até o Dia do Julgamento. Ela, ou qualquer parte dela, não deve ser desperdiçada: ela, ou qualquer parte dela, não deve ser abandonada. Nem um único país árabe nem todos os países árabes, nem qualquer rei ou presidente, nem todos os reis e presidentes, nem qualquer organização nem todas elas, sejam palestinas ou árabes, têm o direito de fazer isso. A Palestina é uma terra *Waqf* islâmica consagrada para as gerações muçulmanas até o Dia do Julgamento. Sendo assim, quem poderia alegar ter o direito de representar as gerações muçulmanas até o Dia do Julgamento?

***

Pátria e nacionalismo do ponto de vista do Movimento de Resistência Islâmica na Palestina:

Artigo doze:

O nacionalismo, do ponto de vista do Movimento de Resistência Islâmica, é parte do credo religioso. Nada no nacionalismo é mais significativo ou profundo do que no caso em que um inimigo pisar em terra muçulmana. Resistir e reprimir o inimigo se torna o dever individual de todo muçulmano, homem ou mulher. Uma mulher pode sair para lutar contra o inimigo sem a permissão do marido, e o mesmo acontece com o escravo: sem a permissão do seu mestre.

Nada do tipo pode ser encontrado em qualquer outro regime. Este é um fato indiscutível. Se outros movimentos nacionalistas estão conectados com causas materialistas, humanas ou regionais, o nacionalismo do Movimento de Resistência Islâmica tem todos esses elementos, bem como os elementos mais importantes que lhe dão alma e vida. Ele está conectado à fonte do espírito e ao doador da vida, hasteando no céu da pátria a bandeira celestial que une a terra e o céu com um forte vínculo...

Soluções pacíficas, iniciativas e conferências internacionais:

Artigo treze:

Iniciativas, e as chamadas soluções pacíficas e conferências internacionais, estão em contradição com os princípios do

Movimento de Resistência Islâmica. Abusar de qualquer parte da Palestina é abuso direcionado contra parte da religião. O nacionalismo do Movimento de Resistência Islâmica é parte de sua religião. Seus membros foram alimentados através disso. Para hastear a bandeira de Alá sobre sua terra natal, eles lutam. "Alá será proeminente, mas a maioria das pessoas não sabe."

De vez em quando, o chamado é feito para a convocação de uma conferência internacional para procurar maneiras de resolver a questão (palestina). Alguns aceitam, outros rejeitam a ideia, por este ou outro motivo, com uma ou mais estipulações de consentimento para convocar a conferência e participar dela. Conhecendo as partes que constituem a conferência, suas atitudes passadas e presentes em relação aos problemas muçulmanos, o Movimento de Resistência Islâmica não considera essas conferências capazes de realizar as demandas, restaurar os direitos ou fazer justiça aos oprimidos. Essas conferências são apenas maneiras de colocar os infiéis na terra dos muçulmanos como árbitros. Quando os infiéis fizeram justiça aos crentes?

Os três círculos:

Artigo catorze:

A questão da libertação da Palestina está vinculada a três círculos: o círculo palestino, o círculo árabe e o círculo islâmico. Cada um desses círculos tem seu papel na luta contra o sionismo.

Cada um tem seus deveres, e é um erro horrível e um sinal de profunda ignorância desconsiderar qualquer um desses círculos. A Palestina é uma terra islâmica que tem o primeiro dos dois *kiblahs* (direção para a qual os muçulmanos se voltam em oração), o terceiro dos santuários sagrados (islâmicos) e o ponto de partida para a jornada da meia-noite de Maomé para os sete céus (ou seja, Jerusalém)...

A Jihad pela libertação da palestina é um dever individual:

Artigo quinze:

No dia em que os inimigos usurparem parte da terra muçulmana, a Jihad se tornará o dever individual de cada muçulmano. Em face da usurpação da Palestina pelos judeus, é obrigatório que a bandeira da Jihad seja levantada. Para fazer isso, é necessária a difusão da consciência islâmica entre as massas, tanto nos níveis regional, árabe e islâmico. É necessário incutir o espírito da Jihad no coração da nação para que eles enfrentem os inimigos e se juntem às fileiras dos lutadores.

É necessário que cientistas, educadores e professores, pessoas da informação e da mídia, bem como as massas educadas, especialmente os jovens e xeiques dos movimentos islâmicos, tomem parte na operação de despertar (as massas). É importante que mudanças básicas sejam feitas no currículo escolar, para limpá-lo dos traços de invasão ideológica que o afetaram como resultado dos orientalistas e missionários que se infiltraram na região após a derrota dos cruzados nas mãos de Salah el-Din (Saladino).

Os cruzados perceberam que era impossível derrotar os muçulmanos sem primeiro ter uma invasão ideológica abrindo caminho, perturbando seus pensamentos, desfigurando sua herança e violando seus ideais. Só então eles poderiam invadir com soldados. Isso, por sua vez, abriu caminho para a invasão imperialista que fez Allenby declarar ao entrar em Jerusalém: "Só agora as Cruzadas terminaram." O general Guru[20] ficou no túmulo de Salah el-Din e disse:

[20] Na verdade, o general francês Henri Gouraud, que comandou as forças francesas no Mashreq (Levante) na Primeira Guerra Mundial e no acordo pós-guerra que dividiu a região, tornou-se o primeiro alto comissário francês do Levante.

"Nós retornamos, ó Salah el-Din." O imperialismo ajudou no fortalecimento da invasão ideológica, aprofundando suas raízes e ainda o faz. Tudo isso abriu caminho para a perda da Palestina.

É necessário incutir nas mentes das gerações muçulmanas que o problema palestino é um problema religioso e deve ser tratado com base nisso. A Palestina contém locais sagrados islâmicos. Nela está a Mesquita de Al-Aqsa, que está ligada à grande Mesquita de Meca em um vínculo inseparável enquanto o céu e a terra falarem de *Isra`* (a jornada da meia-noite de Maomé aos sete céus) e *Mi'raj* (a ascensão de Maomé aos sete céus de Jerusalém)...

A educação das gerações:

Artigo dezesseis:

É necessário seguir a orientação islâmica na educação das gerações islâmicas em nossa região, ensinando os deveres religiosos, o estudo abrangente do Alcorão, o estudo da Suna do Profeta (seus ditos e feitos) aprendendo sobre a história e a herança islâmicas de suas fontes autênticas.

Isso deve ser feito por pessoas especializadas e instruídas, usando um currículo que formaria de maneira saudável os pensamentos e a fé do estudante muçulmano. Ao lado disso, um estudo abrangente do inimigo, suas capacidades humanas e financeiras, aprendendo sobre seus pontos fracos e fortes, e conhecendo as forças que o apoiam e ajudam, também deve ser incluído. Além disso, é importante estar familiarizado com os eventos atuais, acompanhar o que é novo e estudar as análises e comentários feitos sobre esses eventos. Planejar o presente e o futuro, estudando cada tendência que aparece, é uma obrigação para que o muçulmano lutador viva conhecendo seu objetivo, sua meta e seu caminho no meio do que está acontecendo ao seu redor...

O papel da mulher muçulmana:

Artigo dezessete:

A mulher muçulmana tem um papel não menos importante do que o do homem muçulmano na batalha pela libertação. Ela é a criadora dos homens. Seu papel em guiar e educar as novas gerações é grande. Os inimigos perceberam a importância de seu papel. Eles consideram que, se forem capazes de direcioná-la e educá-la da maneira que desejam, longe do islamismo, teriam vencido a batalha. É por isso que você os encontra dando a essas tentativas constante atenção por meio de campanhas de informação, filmes e currículos escolares, usando para esse propósito seus lacaios que são infiltrados por organizações sionistas sob vários nomes e formas, como maçons, Rotary Clubs, grupos de espionagem e outros, que nada mais são do que células de subversão e sabotadores.

***

Responsabilidade social mútua:

Artigo vinte:

A sociedade muçulmana é uma sociedade mutuamente responsável. O Profeta, orações e saudações a ele, disse: "abençoados são os generosos, quer estivessem na cidade ou em viagem, que coletaram tudo o que tinham e compartilharam igualmente entre si".

O espírito islâmico é o que deve prevalecer em toda sociedade muçulmana. A sociedade que confronta um inimigo cruel que age de forma semelhante ao nazismo, não fazendo distinção entre homem e mulher, entre crianças e idosos – tal sociedade tem direito a esse espírito islâmico. Nosso inimigo depende dos métodos de punição coletiva...

Em seu tratamento nazista, os judeus não fizeram exceção para mulheres ou crianças. Sua política de causar medo no coração é para todos. Eles atacam as pessoas onde seu ganha-pão está em questão, extorquindo seu dinheiro e ameaçando sua honra. Eles lidam com as pessoas como se fossem os piores criminosos de guerra. A deportação da terra natal é um tipo de assassinato.

Para combater essas ações, é necessário que a responsabilidade social mútua prevaleça entre o povo. O inimigo deve ser encarado pelo povo como um corpo único, se qualquer membro dele reclamar, o resto do corpo responderá sentindo as mesmas dores.

Artigo vinte e um:

A responsabilidade social mútua significa estender assistência, financeira ou moral, a todos aqueles que estão em necessidade e participar na execução de algumas das tarefas.

***

[Nossas atitudes em relação a:] movimentos nacionalistas na arena palestina:

Artigo vinte e cinco:

O Movimento de Resistência Islâmica respeita esses movimentos e aprecia suas circunstâncias e as condições que os cercam e os afetam. Ele os encoraja, desde que não deem sua lealdade ao aos comunistas do Oriente ou aos cruzados do Ocidente...

[Nossas atitudes em relação a:] a organização de libertação palestina:

Artigo vinte e sete:

A Organização de Libertação Palestina é a mais próxima do coração do Movimento de Resistência Islâmica. Ela contém o pai e o irmão, o parente mais próximo e o amigo. O muçulmano não se afasta de seu pai, irmão, parente mais próximo ou amigo. Nossa pátria é uma, nossa situação é uma, nosso destino é um e o inimigo é um inimigo comum para todos nós.

Por causa das situações que cercam a formação da Organização, da confusão ideológica prevalecente no mundo árabe como resultado da invasão ideológica sob cuja influência o mundo árabe caiu desde a derrota dos cruzados e que foi, e ainda é, intensificada por orientalistas, missionários e imperialistas, a Organização adotou a ideia do Estado secular. E é assim que o vemos.

O secularismo contradiz completamente a ideologia religiosa. Atitudes, condutas e decisões derivam de ideologias.

É por isso que, com toda a nossa apreciação pela Organização para a Libertação da Palestina – e o que ela pode se tornar – e sem menosprezar seu papel no conflito árabe-israelense, somos incapazes de trocar a Palestina Islâmica presente ou futura pela ideia secular. A natureza islâmica da Palestina é parte da nossa religião e quem quer que leve sua religião levianamente é um perdedor.

***

[Nossas atitudes em relação a:] seguidores de outras religiões:

Artigo trinta e um:

O Movimento de Resistência Islâmica é um movimento humanístico. Ele cuida dos direitos humanos e é guiado pela tolerância islâmica ao lidar com seguidores de outras religiões. Ele não antagoniza ninguém, exceto se for antagonizado por alguém ou se ficarem em seu caminho para dificultar seus movimentos e desperdiçar seus esforços.

Sob a asa do islamismo, é possível para os seguidores das três religiões - islamismo, cristianismo e judaísmo - coexistirem em paz e tranquilidade uns com os outros. Paz e tranquilidade não seriam possíveis exceto sob a asa do islamismo. A história passada e presente são as melhores testemunhas disso.

É dever dos seguidores de outras religiões parar de disputar a soberania do islamismo nesta região, porque no dia em que esses seguidores assumirem o poder, não haverá nada além de carnificina, deslocamento e terror. Cada um deles está em desacordo com seus companheiros religiosos, sem falar sobre os seguidores de outros religiosos. A história passada e presente está cheia de exemplos para provar esse fato...

A tentativa de isolar o povo palestino:

Artigo trinta e dois:

O Sionismo Mundial, junto com as potências imperialistas, tenta, por meio de um plano estudado e uma estratégia inteligente, remover um Estado árabe após o outro do círculo de luta contra o sionismo, para que ele finalmente enfrente apenas o povo palestino. O Egito foi, em grande medida, removido do círculo da luta, por meio do traiçoeiro Acordo de Camp David. Eles estão tentando atrair outros países árabes para acordos semelhantes e tirá-los do círculo de luta.

O Movimento de Resistência Islâmica apela às nações árabes e islâmicas para que adotem uma linha de ação séria e perseverante para impedir o sucesso deste plano horrendo, para alertar o povo sobre o perigo que emana de deixar o círculo de luta contra o sionismo. Hoje é a Palestina, amanhã será um país ou outro. O plano sionista é ilimitado. Depois da Palestina, os sionistas aspiram expandir-se do Nilo ao Eufrates. Quando tiverem digerido a região que ultrapassaram, aspirarão por uma expansão maior, e assim por diante. O plano deles está incorporado nos

“Protocolos dos Sábios de Sião”, e sua conduta atual é a melhor prova do que estamos dizendo.

* * *

O testemunho da História

* * *

Artigo trinta e cinco:

O Movimento de Resistência Islâmica vê seriamente a derrota dos cruzados nas mãos de Salah ed-Din al-Ayyubi e o resgate da Palestina de suas mãos, bem como a derrota dos tártaros em Ein Galot, quebrando seu poder nas mãos de Qataz e Al-Dhaher Bivers e salvando o mundo árabe do ataque tártaro que visava a destruição de todo significado da civilização humana. O Movimento tira lições e exemplos de tudo isso. O atual ataque sionista também foi precedido por ataques cruzados do Ocidente e outros ataques tártaros do Oriente. Assim como os muçulmanos enfrentaram esses ataques e planejaram lutar e derrotá-los, eles devem ser capazes de confrontar a invasão sionista e derrotá-la. Isso não é problema para o Todo-Poderoso Alá, desde que as intenções sejam puras, a determinação seja verdadeira e que os muçulmanos tenham se beneficiado de experiências passadas, se livrado dos efeitos da invasão ideológica e seguido os costumes de seus ancestrais...

APÊNDICE 2
Relatório final do Instituto Democrático Nacional dos Estados Unidos sobre as eleições do Conselho Legislativo Palestino, trechos

25 de janeiro de 2006

Fonte: Instituto Democrático Nacional. Disponível em: ndi.org/sites/default/files/2068_ps_elect_012506_5.pdf

RESUMO DAS OBSERVAÇÕES (p. 2–3)

Apesar das circunstâncias difíceis do conflito e da ocupação em andamento, centenas de milhares de palestinos foram às urnas em 25 de janeiro de 2006 para eleger os novos membros do CLP [Conselho Legislativo Palestino]. A votação ocorreu em um ambiente amplamente festivo e pacífico. A delegação ficou profundamente comovida com esta clara demonstração de entusiasmo palestino em participar de eleições democráticas. A CEC [Comissão Eleitoral Central] e a equipe eleitoral operaram com confiança, eficácia e imparcialidade, resultando em um processo que se comparou favoravelmente aos padrões internacionais.

Os padrões internacionais para eleições legítimas exigem uma estrutura legal sólida e uma administração eleitoral imparcial e eficaz que conduza suas atividades de forma aberta. Eles também exigem um ambiente eleitoral no qual os partidos políticos e os candidatos sejam livres para se organizar e participar plena e pacificamente do processo. As eleições de 25 de janeiro apresentaram um desafio único, pois trouxeram ao poder um grupo que defende o uso da violência como meio de atingir um fim político, se recusa a entregar as armas e está comprometido com a destruição de um Estado-membro das Nações Unidas. É universalmente aceito que eleições democráticas e governança democrática são baseadas no uso de meios pacíficos para atingir fins políticos. As eleições devem ser uma renúncia prática à violência e podem representar um retorno a uma cultura de diálogo político e progresso. A delegação expressa a esperança de que as eleições marquem um movimento decisivo em direção à renúncia à violência por todos os grupos palestinos e que os líderes e representantes eleitos construam instituições e processos genuinamente democráticos que trarão a paz e a prosperidade que o povo palestino merece, dentro de um Estado livre e independente. Também se espera que essas eleições renovem o comprometimento dos funcionários eleitos em lidar com a corrupção e uma gama de outras questões centrais para melhorar a vida dos palestinos.

- Sob um recente e voluntário Código de Conduta dos Partidos Políticos, todos os partidos concorrentes se comprometeram a se envolver em campanhas pacíficas e justas e a aceitar os resultados da eleição. Isso marcou um passo importante, mas incompleto, em direção às normas democráticas reconhecidas que rejeitam o uso da violência para objetivos políticos. A campanha foi vigorosa e amplamente pacífica, permitindo que os eleitores fizessem escolhas informadas nas urnas. No entanto, em violação à Lei Eleitoral e ao Código de Conduta dos Partidos Políticos, a campanha no dia da eleição foi generalizada, e houve relatos confiáveis de abuso de recursos públicos para ganho partidário, bem como campanha em mesquitas.
- Mudanças recentes no arcabouço legal ajudaram a conter alguns dos problemas enfrentados durante as eleições presidenciais de 2005, incluindo o uso do problemático registro civil

como meio de identificar eleitores em potencial e o abuso dos procedimentos especiais para permitir a votação assistida para analfabetos. Novos arranjos para votação antecipada por forças de segurança mostraram-se eficazes, mas foram prejudicados por relatos dispersos de esforços para influenciar seu voto.

- A introdução de uma nova cota permitiu maior participação de mulheres como candidatas. Além disso, as mulheres desempenharam um papel grande e visível como autoridades eleitorais, agentes de partidos/candidatos, observadoras não partidárias e eleitoras.
- Um número significativo de agentes de partidos políticos/candidatos e observadores eleitorais palestinos apartidários monitoraram ativamente o processo, ajudando a garantir a transparência e a integridade da eleição.
- Apesar de alguns problemas durante a campanha e com os preparativos eleitorais, as autoridades israelenses geralmente facilitaram as viagens pelos postos de controle no dia da eleição para facilitar a liberdade de movimento.
- O acordo entre israelenses e palestinos sobre a votação em Jerusalém chegou tarde no processo, resultando em preparações precipitadas. As restrições israelenses dificultaram severamente as atividades de campanha em Jerusalém e, no dia da eleição, as condições nas seis agências de correio israelenses onde os palestinos podiam, *de facto*, votar por meio de cédulas postais, não permitia que os eleitores fizessem suas escolhas longe da vista dos funcionários dos correios.

A delegação conclui que, com exceção dos limites impostos ao número de eleitores que foram autorizados a votar em Jerusalém Oriental, nenhuma das deficiências citadas acima teve impacto material nos resultados. Consequentemente, o resultado deve ser considerado como reflexo da vontade do povo. Os palestinos e a comunidade internacional agora esperam que os líderes recém-eleitos coloquem em prática instituições e processos genuinamente democráticos que trarão paz e prosperidade à Cisjordânia e Gaza...

***

OBSERVAÇÃO DAS ELEIÇÕES (p. 17)

A lei eleitoral palestina garante aos representantes dos candidatos acesso a todos os aspectos do processo eleitoral. Um grande número de agentes de partidos/candidatos, bem como observadores palestinos apartidários de grupos como o Arab Thought Forum [Fórum Árabe de Pensamento], o Palestinian Center for Human Rights [Centro Palestino por Direitos Humanos], o Palestinian Election Monitoring Committee [Comitê de Monitoramento Eleitoral Palestino] e o Filistinayat monitoraram as eleições. Eles trabalharam em colaboração entre si e com os funcionários eleitorais para aumentar as perspectivas de um processo legítimo. Embora poucos deles tenham cumprido suas funções com a assistência de materiais escritos, sua forte presença durante os eventos pré-eleitorais e no dia da eleição demonstrou a crescente capacidade dos palestinos de salvaguardar a integridade de seus processos eleitorais.

Além disso, centenas de observadores internacionais representando mais de quarenta organizações e missões diplomáticas receberam credenciamento para monitorar o processo. As maiores dessas missões de observação internacional foram a União Europeia, o Parlamento Europeu e a delegação canadense e do NDI Carter Center. Houve um alto grau de coordenação entre os observadores internacionais, particularmente as maiores missões, o que é consistente com a crescente cooperação entre organizações que endossam a *Declaração de Princípios para Observação*

Eleitoral Internacional. Autoridades israelenses e palestinas foram extremamente úteis para acomodar o trabalho da delegação.

Antes do dia da eleição, a CEC emitiu instruções a todos os funcionários de votação, pedindo que disponibilizassem todos os dados, protocolos e estatísticas aos observadores. Embora louváveis, essas instruções não foram aplicadas de forma consistente e, em alguns casos, os funcionários eleitorais desencorajaram os observadores a se movimentarem pelas seções eleitorais.

RESULTADOS FINAIS (p. 18)

Os resultados oficiais publicados pela CEC concederam ao Hamas e Fatah 74 e 45 assentos, respectivamente. Além disso, assentos foram garantidos para Mártir Abu Ali Mustafa (3), Terceira Via (2), Alternativa (2), Palestina Independente (2) e vários candidatos independentes (4).

A delegação considera que as deficiências no processo eleitoral não tiveram impacto material no resultado das eleições. Consequentemente, acredita-se que os resultados publicados refletem a vontade do povo palestino.

RECOMENDAÇÕES (p. 18)

A delegação expressa a esperança de que essas eleições marquem um movimento decisivo em direção à renúncia à violência por todos os grupos palestinos e renovem o compromisso dos funcionários eleitos em lidar com a corrupção e outras questões centrais para melhorar a vida dos palestinos...

APÊNDICE 3

Excertos do "Documento de Princípios Gerais e Políticas" do Hamas de 2017

Maio de 2017

Fonte: Middle East Eye. Disponível em: bit.ly/hamas-doc-2017

* * *

Louvado seja Alá, o Senhor de todos os mundos. Que a paz e as bênçãos de Alá estejam sobre Maomé, o Mestre dos Mensageiros e o Líder dos *mujahidin*, e sobre sua casa e todos os seus companheiros.

Preâmbulo:

A Palestina é a terra do povo árabe palestino, dela eles se originam, a ela eles aderem e pertencem, e sobre ela eles se estendem e se comunicam.

A Palestina é uma terra cujo status foi elevado pelo Islã, uma fé que a mantém em alta estima, que respira através dela seu espírito e valores justos e que estabelece a fundação para a doutrina de defendê-la e protegê-la.

* * *

A Palestina simboliza a resistência que continuará até que a libertação seja realizada, até que o retorno seja cumprido e até que um Estado totalmente soberano seja estabelecido com Jerusalém como sua capital.

* * *

O movimento:

1. O Movimento de Resistência Islâmica "Hamas" é um movimento de libertação nacional e resistência islâmica palestina. Seu objetivo é libertar a Palestina e confrontar o projeto sionista. Sua estrutura de referência é o islamismo, que determina seus princípios, objetivos e meios.

A terra da Palestina:

2. A Palestina, que se estende do Rio Jordão, no leste, até o Mediterrâneo, no oeste, e de Ras AlNaqurah, no norte, até Umm Al-Rashrash, no sul, é uma unidade territorial integral. É a terra e o lar do povo palestino. A expulsão e o banimento do povo palestino de sua terra e o estabelecimento da entidade sionista nela não anulam o direito do povo palestino a toda a sua terra e não consolidam quaisquer direitos nela para a entidade sionista usurpadora.
3. A Palestina é uma terra árabe islâmica. É uma terra sagrada abençoada que tem um lugar especial no coração de todo árabe e de todo muçulmano.

O povo palestino:

4. Os palestinos são os árabes que viveram na Palestina até 1947, independentemente de terem sido expulsos ou permanecido nela; e toda pessoa que nasceu de um pai árabe palestino depois dessa data, seja dentro ou fora da Palestina, é um palestino.
5. A identidade palestina é autêntica e atemporal; é passada de geração para geração. As catástrofes que se abateram

sobre o povo palestino, como consequência da ocupação sionista e sua política de deslocamento, não podem apagar a identidade do povo palestino nem podem negá-la. Um palestino não perderá sua identidade nacional ou direitos ao adquirir uma segunda nacionalidade.

6. O povo palestino é um só povo, composto por todos os palestinos, dentro e fora da Palestina, independentemente de sua religião, cultura ou filiação política.

Islã e Palestina:

7. A Palestina está no coração da *Ummah* árabe e islâmica e desfruta de um status especial. Dentro da Palestina existe Jerusalém, cujos arredores são abençoados por Alá. A Palestina é a Terra Santa, que Alá abençoou para a humanidade. É a primeira *Qiblah* dos muçulmanos e o destino da jornada realizada à noite pelo Profeta Maomé, que a paz esteja com ele. É o local de onde ele ascendeu aos céus superiores. É o local de nascimento de Jesus Cristo, que a paz esteja com ele. Seu solo contém os restos mortais de milhares de Profetas, Companheiros e *Mujahidin*. É a terra de pessoas que estão determinadas a defender a verdade – dentro de Jerusalém e seus arredores – que não são dissuadidas ou intimidadas por aqueles que se opõem a elas e por aqueles que as traem, e elas continuarão sua missão até que a Promessa de Alá seja cumprida.
8. Em virtude de seu meio termo justamente equilibrado e espírito moderado, o Islã – para o Hamas – fornece um modo de vida abrangente e uma ordem que é adequada ao propósito em todos os momentos e em todos os lugares. O Islã é uma religião de paz e tolerância. Ele fornece um guarda-chuva para os seguidores de outros credos e religiões que podem praticar suas crenças em segurança e pro-

teção. O Hamas também acredita que a Palestina sempre foi e sempre será um modelo de coexistência, tolerância e inovação civilizacional.

9. O Hamas acredita que a mensagem do islamismo defende os valores da verdade, justiça, liberdade e dignidade e proíbe todas as formas de injustiça e incrimina opressores independentemente de sua religião, raça, gênero ou nacionalidade. O islamismo é contra todas as formas de extremismo religioso, étnico ou sectário e intolerância. É a religião que inculca em seus seguidores o valor de se levantar contra a agressão e de apoiar os oprimidos; motiva-os a doar generosamente e fazer sacrifícios em defesa de sua dignidade, sua terra, seus povos e seus lugares sagrados.

Jerusalém:

10. Jerusalém é a capital da Palestina. Seu status religioso, histórico e civilizacional é fundamental para os árabes, muçulmanos e o mundo em geral. Seus lugares sagrados islâmicos e cristãos pertencem exclusivamente ao povo palestino e à *Ummah* árabe e islâmica. Nenhuma pedra de Jerusalém pode ser entregue ou abandonada. As medidas tomadas pelos ocupantes em Jerusalém, como a judaização, a construção de assentamentos e o estabelecimento de fatos no local são fundamentalmente nulas e sem efeito.
11. A abençoada Mesquita de Al-Aqsa pertence exclusivamente ao nosso povo e à nossa *Ummah*, e a ocupação não tem direito algum a ela. As conspirações, medidas e tentativas da ocupação de judaizar Al-Aqsa e dividi-la são nulas, sem efeito e ilegítimas.

Os refugiados e o direito de retorno:

12. A causa palestina em sua essência é a causa de uma terra ocupada e de um povo deslocado. O direito dos refugiados palestinos e dos deslocados de retornarem às suas casas das quais foram banidos ou proibidos de retornar – seja nas terras ocupadas em 1948 ou em 1967 (ou seja, toda a Palestina), é um direito natural, tanto individual quanto coletivo. Este direito é confirmado por todas as leis divinas, bem como pelos princípios básicos dos direitos humanos e do direito internacional. É um direito inalienável e não pode ser dispensado por nenhuma parte, seja palestina, árabe ou internacional.
13. O Hamas rejeita todas as tentativas de apagar os direitos dos refugiados, incluindo as tentativas de acomodá-los fora da Palestina e por meio dos projetos de pátria alternativa. A compensação aos refugiados palestinos pelos danos que sofreram como consequência de bani-los e ocupar suas terras é um direito absoluto que anda de mãos dadas com seu direito de retorno. Eles devem receber compensação após seu retorno, e isso não nega ou diminui seu direito de retorno.

O projeto sionista:

14. O projeto sionista é um projeto racista, agressivo, colonial e expansionista baseado na tomada de propriedades de outros; é hostil ao povo palestino e à sua aspiração por liberdade, libertação, retorno e autodeterminação. A entidade israelense é o brinquedo do projeto sionista e sua base de agressão.
15. O projeto sionista não tem como alvo apenas o povo palestino; ele é o inimigo da *Ummah* árabe e islâmica, repre-

sentando uma grave ameaça à sua segurança e interesses. Ele também é hostil às aspirações da *Ummah* por unidade, renascimento e libertação e tem sido a principal fonte de seus problemas. O projeto sionista também representa um perigo à segurança e à paz internacionais e à humanidade e seus interesses e estabilidade.

16. O Hamas afirma que seu conflito é com o projeto sionista, não com os judeus por causa de sua religião. O Hamas não trava uma luta contra os judeus porque eles são judeus, mas trava uma luta contra os sionistas que ocupam a Palestina. No entanto, são os sionistas que constantemente identificam o judaísmo e os judeus com seu próprio projeto colonial e entidade ilegal.
17. O Hamas rejeita a perseguição de qualquer ser humano ou o enfraquecimento de seus direitos por motivos nacionalistas, religiosos ou sectários. O Hamas é da opinião de que o problema judaico, o antissemitismo e a perseguição aos judeus são fenômenos fundamentalmente ligados à história europeia e não à história dos árabes e muçulmanos ou à sua herança. O movimento sionista, com a ajuda de potências ocidentais, que foi capaz de ocupar a Palestina, é a forma mais perigosa de ocupação por assentamentos, e ela que já desapareceu de grande parte do mundo e deve desaparecer da Palestina.

A posição em relação à Ocupação e Soluções Políticas:

18. Os seguintes são considerados nulos e inválidos: a Declaração Balfour, o Documento do Mandato Britânico, a Resolução da Partição da Palestina da ONU e quaisquer resoluções e medidas que derivem deles ou sejam semelhantes a eles. O estabelecimento de "Israel" é totalmente ilegal e contraria os direitos inalienáveis do povo palestino e vai contra

sua vontade e a vontade da *Ummah*; também viola os direitos humanos garantidos por convenções internacionais, o mais importante deles é o direito à autodeterminação.

19. Não haverá reconhecimento da legitimidade da entidade sionista. O que quer que tenha acontecido à terra da Palestina em termos de ocupação, construção de assentamentos, judaização ou mudanças em suas características ou falsificação de fatos é ilegítimo. Direitos nunca expiram.
20. O Hamas acredita que nenhuma parte da terra da Palestina deve ser comprometida ou concedida, independentemente das causas, circunstâncias e pressões e não importa quanto tempo dure a ocupação. O Hamas rejeita qualquer alternativa à libertação plena e completa da Palestina, do rio ao mar. No entanto, sem comprometer sua rejeição à entidade sionista e sem abrir mão de quaisquer direitos palestinos, o Hamas considera o estabelecimento de um Estado palestino totalmente soberano e independente, com Jerusalém como sua capital, nos moldes de 4 de junho de 1967, com o retorno dos refugiados e deslocados para suas casas de onde foram expulsos, como uma fórmula de consenso nacional.
21. O Hamas afirma que os Acordos de Oslo e seus adendos contrariam as regras de governo do direito internacional, pois geram compromissos que violam os direitos inalienáveis do povo palestino. Portanto, o Movimento rejeita esses acordos e tudo o que deles decorre, como as obrigações que são prejudiciais aos interesses do nosso povo, especialmente a coordenação de segurança (colaboração).
22. O Hamas rejeita todos os acordos, iniciativas e projetos de assentamentos que visam minar a causa palestina e os direitos do nosso povo palestino. A esse respeito, qualquer postura, iniciativa ou programa político não deve de forma alguma violar esses direitos e não deve contrariá-los ou contradizê-los.

23. O Hamas enfatiza que a transgressão contra o povo palestino, a usurpação das suas terras e o banimento de sua terra natal não pode ser chamada de paz. Quaisquer acordos alcançados com base nisso não levarão à paz. A resistência e a jihad pela libertação da Palestina permanecerão um direito legítimo, um dever e uma honra para todos os filhos e filhas de nosso povo e nossa *Ummah*.

Resistência e libertação:

24. A libertação da Palestina é dever do povo palestino em particular e dever da *Ummah* árabe e islâmica em geral. É também uma obrigação humanitária, conforme necessário pelos ditames da verdade e da justiça. As agências trabalhando para a Palestina, sejam nacionais, árabes, islâmicas ou humanitárias, complementam-se em harmonia e não entram em conflito umas com as outras.
25. Resistir à ocupação com todos os meios e métodos é um direito legítimo garantido por leis divinas e por normas e leis internacionais. No cerne disto está a resistência armada, que é considerada a escolha estratégica para proteger os princípios e os direitos do povo palestino.
26. O Hamas rejeita qualquer tentativa de minar a resistência e suas armas. Ele também afirma o direito do nosso povo de desenvolver os meios e mecanismos de resistência. Gerenciar a resistência, em termos de escalada ou desescalada, ou em termos de diversificação dos meios e métodos, é parte integrante do processo de gerenciamento do conflito e não deve acontecer às custas do princípio da resistência.

O sistema político palestino:

* * *

28. O Hamas acredita e adere à administração de suas relações palestinas com base no pluralismo, na democracia, parceria nacional, aceitação do outro e adoção do diálogo. O objetivo é reforçar a unidade das fileiras e a ação conjunta com o propósito de atingir objetivos nacionais e satisfazer as aspirações do povo palestino.
29. A OLP é uma estrutura nacional para o povo palestino dentro e fora da Palestina. Portanto, deve ser preservada, desenvolvida e reconstruída sobre bases democráticas, de modo a garantir a participação de todos os constituintes e forças do povo palestino, de uma maneira que salvaguarde os direitos palestinos.
30. O Hamas enfatiza a necessidade de construir instituições nacionais palestinas com princípios democráticos sólidos, sendo que o mais importante entre eles são eleições livres e justas. Tal processo deve ser baseado em parceria nacional e de acordo com um programa e uma estratégia clara que respeitem os direitos, incluindo o direito de resistência, e que cumpram as aspirações do povo palestino.
31. O Hamas afirma que o papel da Autoridade Palestina deve ser servir o povo palestino e salvaguardar sua segurança, seus direitos e seu projeto nacional.
32. O Hamas enfatiza a necessidade de manter a independência da tomada de decisão nacional palestina. Forças externas não devem ter permissão para intervir. Ao mesmo tempo, o Hamas afirma a responsabilidade dos árabes e muçulmanos e seu dever e papel na libertação da Palestina da ocupação sionista.

33. A sociedade palestina é enriquecida pelas suas personalidades proeminentes, figuras, dignitários, instituições da sociedade civil e jovens, estudantes, sindicalistas e grupos de mulheres que trabalham juntos para a concretização dos objetivos nacionais e da construção social, seguem a resistência e alcançam a libertação.
34. O papel das mulheres palestinas é fundamental no processo de construção do presente e do futuro, assim como sempre foi no processo de fazer a história palestina. É um papel central no projeto de resistência, libertação e construção do sistema político.

A *Ummah* árabe e islâmica:

35. O Hamas acredita que a questão palestina é a causa central da *Ummah* Árabe e Islâmica.
36. O Hamas acredita na unidade da *Ummah* com todos os seus diversos constituintes e está ciente da necessidade de evitar qualquer coisa que possa fragmentar a *Ummah* e minar a sua unidade.
37. O Hamas acredita na cooperação com todos os Estados que apoiam os direitos do povo palestino. Ele se opõe à intervenção nos assuntos internos de qualquer país. Também se recusa a ser arrastado para disputas e conflitos que ocorrem entre diferentes países. O Hamas adota a política de abertura para diferentes Estados no mundo, especialmente os Estados árabes e islâmicos. Ele se esforça para estabelecer relações equilibradas com base na combinação dos requisitos da causa palestina e dos interesses do povo palestino, por um lado, com os interesses da *Ummah*, seu renascimento e sua segurança, por outro.

O aspecto humanitário e internacional:

38. A questão palestina tem grandes dimensões humanitárias e internacionais. Apoiar e respaldar esta causa é uma tarefa humanitária e civilizacional que é exigida pelos pré-requisitos da verdade, justiça e valores humanitários comuns.
39. De uma perspectiva legal e humanitária, a libertação da Palestina é uma atividade legítima, é um ato de autodefesa e é a expressão do direito natural de todos os povos à autodeterminação.
40. Nas suas relações com as nações e os povos do mundo, o Hamas acredita nos valores da cooperação, justiça, liberdade e do respeito pela vontade do povo.
41. O Hamas acolhe a postura de Estados, organizações e instituições que apoiam os direitos do povo palestino. Ele saúda os povos livres do mundo que apoiam a causa palestina. Ao mesmo tempo, denuncia o apoio concedido por qualquer parte à entidade sionista ou as tentativas de encobrir seus crimes e agressões contra os palestinos e pede o julgamento de criminosos de guerra sionistas.
42. O Hamas rejeita as tentativas de impor hegemonia à Ummah árabe e islâmica, assim como rejeita as tentativas de impor hegemonia ao resto das nações e povos do mundo. O Hamas também condena todas as formas de colonialismo, ocupação, discriminação, opressão e agressão no mundo.

APÊNDICE 4
Explicando: como o Hamas acabou na lista de Grupos Terroristas dos Estados Unidos

7 de fevereiro de 2024

Fonte: Voice of America. Disponível em: bit.ly/hamas-terror-list

* * *

Jerusalém – Junto com os Estados Unidos, vários países listam o Hamas como uma organização terrorista. O grupo se considera um movimento de libertação dos palestinos contra a ocupação israelense.

Os Estados Unidos designaram o Hamas como uma organização terrorista três vezes, diz Matthew Levitt, especialista em Hamas no Instituto de Política do Oriente Próximo de Washington.

"A primeira vez é anterior às listas atuais de terrorismo e veio no processo de paz sob a administração Clinton em 1995", ele disse. A Casa Branca de Clinton tinha uma ordem executiva, uma lei proibindo grupos que estavam ameaçando o processo de paz. Isso incluía grupos islâmicos como o Hamas e a Jihad Islâmica Palestina, e também grupos extremistas judeus como o Kach e o Kahane Chai."

Dois anos depois, os Estados Unidos criaram uma nova lista de terrorismo.

"Então, em 1997, o Departamento de Estado iniciou sua lista de Organizações Terroristas Estrangeiras ou FTO, sigla em inglês, que é específica para grupos terroristas", disse Levitt. "E o Hamas foi adicionado a essa lista por causa dos atos de terrorismo que estava conduzindo, não apenas porque estava ameaçando o processo de paz, mas também estava realizando ataques a tiros, ataques com facas e começando a realizar atentados suicidas com bastante frequência."

A terceira vez, de acordo com Levitt, ocorreu após os ataques de 11 de setembro nos Estados Unidos, quando o governo Bush criou uma lista especial de terrorismo global.

Levitt explicou como o Hamas se enquadra na definição de uma organização terrorista.

"A definição mais simples e básica é mirar em civis com o propósito de efetuar mudanças sociais ou políticas", ele disse. "Pessoalmente, eu simplifico um pouco mais: é sobre a tática. Terrorismo é uma tática, e se você se engajar nessa tática de mirar em civis com o propósito de efetuar mudanças sociais e políticas, então esse ato é um ato de terrorismo."

Em seu manifesto de 1988, o Hamas clamou pela destruição de Israel. Anos depois, em 2017, o Hamas abandonou essa linguagem.

Mas continuou a disparar incessantemente foguetes contra comunidades israelenses.

Em 7 de outubro, milhares de homens armados do Hamas invadiram Israel, matando 1.200 pessoas, a maioria delas civis, de acordo com contagens israelenses, e tomaram mais de vinte *kibbutzim* israelenses e outras comunidades. Entre os mortos estavam pelo menos trinta israelenses que também tinham cidadania americana.

Israel respondeu ao ataque do Hamas com uma guerra contra o Hamas em Gaza.

O Ministério da Saúde palestino, administrado pelo Hamas em Gaza, diz que mais de 27 mil palestinos foram mortos, embora isso inclua tanto combatentes quanto civis. Israel diz que matou cerca de 10 mil combatentes do Hamas, cerca de um terço da força total do Hamas.

Israel diz que suas forças em Gaza estão realizando ataques precisos e não estão mirando em civis. Diz que as mortes de civis que estão ocorrendo não são intencionais.

O crescente número de mortes de civis e a crise humanitária em Gaza levaram a uma crescente pressão internacional sobre Israel para parar a guerra. Os Estados Unidos dizem que Gaza finalmente deve ser governada por uma Autoridade Palestina revitalizada, uma ideia que o primeiro-ministro israelense Benjamin Netanyahu rejeitou.

O Hamas, que governa Gaza desde 2007, também rejeita. Em uma entrevista recente com um jornalista kuwaitiano, o ex-oficial sênior do Hamas Khaled Mashaal, que vive no Catar, rejeitou a ideia de reconhecer Israel e disse que o ataque de 7 de outubro provou que a ideia de libertar a Palestina "do rio ao mar" é realista.

Mashaal disse que o Hamas usou o governo de Gaza para construir a resistência e todos os seus meios. Ele disse que as armas, a produção de armas, o planejamento, o treinamento e os túneis foram construídos localmente, mantendo a sua segurança.

Há 2,3 milhões de civis vivendo em Gaza, um enclave com apenas quarenta quilômetros de extensão.

O porta-voz do exército israelense, Daniel Hagari, diz que o Hamas escondeu seus combatentes em infraestrutura civil.

"O Hamas usa hospitais como infraestruturas terroristas", disse ele.

"O Hamas transformou hospitais em centros de comando e controle e esconderijos para terroristas e comandantes deles."

O primeiro-ministro israelense Benjamin Netanyahu diz que está comprometido em destruir o Hamas como potência militar. Mas quatro meses depois do início da guerra, o Hamas continua no controle de partes de Gaza, o que torna incerto qual será o futuro do enclave.

APÊNDICE 5

"Nossa narrativa... Operação Al-Aqsa Flood" ["Inundação de Al-Aqsa"] do Hamas, trechos

21 de janeiro de 2024

Fonte: *Palestine Chronicle*. Disponível em: www.palestinechronicle.com/wp-content/uploads/2024/01/PDF.pdf

Nota: este documento de dezoito páginas tem um preâmbulo e depois cinco partes, como segue:

1. *Por que a Operação Al-Aqsa Flood?*
2. *Os eventos da Operação Al-Aqsa Flood e as respostas às alegações israelenses*
3. *Rumo a uma investigação internacional transparente*
4. *Um lembrete ao mundo, quem é o Hamas?*
5. *O que é necessário?*

Os trechos a seguir são das partes de 1 a 3.

* * *

Primeiro: por que a Operação Al-Aqsa Flood?

1. A batalha do povo palestino contra a ocupação e o colonialismo não começou em 7 de outubro, mas há 105 anos, incluindo trinta anos de colonialismo britânico e 75 anos de ocupação sionista. Em 1918, o povo palestino possuía 98,5% das terras e representava 92% da população nas terras da Palestina.

Enquanto os judeus, que foram trazidos para a Palestina em campanhas de imigração em massa em coordenação entre as autoridades coloniais britânicas e o Movimento Sionista, conseguiram tomar o controle de não mais do que 6% das terras na Palestina e ser 31% da população antes de 1948, quando a Entidade Sionista foi anunciada na terra histórica da Palestina. Naquela época, foi negado ao povo palestino o direito à autodeterminação, e as gangues sionistas se envolveram em uma campanha de limpeza étnica contra o povo palestino com o objetivo de expulsá-los de suas terras e áreas. Como resultado, as gangues sionistas tomaram o controle de 77% das terras da Palestina à força, onde expulsaram 57% do povo e destruíram mais de quinhentas vilas e cidades palestinas, e cometeram dezenas de massacres contra os palestinos, que culminaram no estabelecimento da Entidade Sionista em 1948. Além disso, na continuação da agressão, as forças israelenses em 1967 ocuparam o resto da Palestina, incluindo a Cisjordânia, a Faixa de Gaza e Jerusalém, além dos territórios árabes ao redor da Palestina.

2. Ao longo dessas longas décadas, o povo palestino sofreu todas as formas de opressão, injustiça, expropriação de seus direitos fundamentais e as políticas de apartheid. A Faixa de Gaza, por exemplo, sofreu em 2007 com um bloqueio sufocante por mais de dezessete anos, o que a tornou a maior prisão a céu aberto do mundo. O povo palestino em Gaza também sofreu com cinco guerras/agressões destrutivas, em todas elas "Israel" foi a parte ofensiva. O povo em Gaza em 2018 também iniciou as manifestações da Grande Marcha do Retorno para protestar pacificamente contra o bloqueio israelense, suas condições humanitárias de miséria e para exigir seu direito de retorno. No entanto, as forças de ocupação israelenses responderam a esses protestos com força brutal, pela qual 360 palestinos foram mortos e 19 mil outros

ficaram feridos, incluindo mais de 5 mil crianças, em questão de poucos meses.

3. De acordo com números oficiais, no período entre (janeiro de 2000 e setembro de 2023), a ocupação israelense matou 11.299 palestinos e feriu outros 156.768, a grande maioria deles civis. Infelizmente, a administração dos Estados Unidos e seus aliados não prestaram atenção ao sofrimento do povo palestino nos últimos anos, mas forneceram cobertura à agressão israelense…
4. As violações e a brutalidade israelenses foram documentadas por muitas organizações da ONU e grupos internacionais de direitos humanos, incluindo a Anistia Internacional e a Human Rights Watch, e até mesmo por grupos israelenses de direitos humanos. No entanto, esses relatórios e testemunhos foram ignorados, e a ocupação israelense ainda não foi responsabilizada…
5. A administração dos Estados Unidos e seus aliados ocidentais sempre trataram Israel como um Estado acima da lei; eles fornecem a cobertura necessária para manter a ocupação prolongada e a repressão ao povo palestino, e também permitem que “Israel” explore tal situação para expropriar mais terras palestinas e judaizar suas santidades e locais sagrados…
6. Quanto ao “processo de acordo pacífico”. Apesar do fato de que os Acordos de Oslo assinados em 1993 com a Organização para a Libertação da Palestina (OLP) estipularam o estabelecimento de um Estado palestino independente na Cisjordânia e na Faixa de Gaza; “Israel” sistematicamente destruiu toda possibilidade de estabelecer o Estado palestino por meio de uma ampla campanha de construção de assentamentos e judaização das terras palestinas na Cisjordânia ocupada e em Jerusalém…
7. Após 75 anos de ocupação implacável e sofrimento, e após o fracasso de todas as iniciativas de libertação e retorno ao

nosso povo, e também após os resultados desastrosos do chamado processo de paz, **o que o mundo esperava que o povo palestino fizesse em resposta ao seguinte:**

- Os planos de judaização israelense da abençoada Mesquita de Al-Aqsa, suas tentativas de divisão temporal e espacial, bem como a intensificação das incursões dos colonos israelenses na mesquita sagrada.
- As práticas do governo extremista e de direita israelense que está praticamente tomando medidas para anexar toda a Cisjordânia e Jerusalém à chamada "soberania de Israel" em meio a planos do escritório oficial israelense para expulsar os palestinos de suas casas e áreas.
- Os milhares de palestinos detidos em prisões israelenses que estão sofrendo privação de seus direitos básicos, bem como agressões e humilhações sob supervisão direta do ministro fascista israelense Itamar Ben-Gvir.
- O injusto bloqueio aéreo, marítimo e terrestre imposto à Faixa de Gaza ao longo de dezessete anos.
- A expansão dos assentamentos israelenses na Cisjordânia em um nível sem precedentes, bem como a violência diária perpetrada pelos colonos contra os palestinos e suas propriedades.
- Os 7 milhões de palestinos que vivem em condições extremas em campos de refugiados e outras áreas que desejam regressar às suas terras e que foram expulsos há 75 anos.
- O fracasso da comunidade internacional e a cumplicidade das superpotências em impedir o estabelecimento de um Estado palestino.

O que se esperava do povo palestino depois de tudo isso? Que continuasse esperando e continuasse contando com a indefesa ONU! Ou que tomasse a iniciativa de defender o povo palestino, suas terras, direitos e santidades; sabendo que o ato de defesa é um direito consagrado em leis, normas e convenções internacionais.

Procedendo do exposto acima, a Operação Al-Aqsa Flood em 7 de outubro foi um passo necessário e uma resposta normal para confrontar todas as conspirações israelenses contra o povo palestino e sua causa. Foi um ato defensivo para se livrar da ocupação israelense, reivindicar os direitos palestinos, no caminho para a libertação e independência como todos os povos ao redor do mundo fizeram.

Segundo: os eventos da Operação Al-Aqsa Flood e as respostas às alegações israelenses

À luz das acusações e alegações fabricadas por Israel sobre a Operação Al-Aqsa Flood em 7 de outubro e suas repercussões, nós, do Movimento de Resistência Islâmica – Hamas, esclarecemos o seguinte:

1. A Operação Al-Aqsa Flood em 7 de outubro teve como alvo os locais militares israelenses e buscou prender os soldados inimigos para pressionar as autoridades israelenses a libertar os milhares de palestinos mantidos em prisões israelenses por meio de um acordo de troca de prisioneiros. Portanto, a operação se concentrou em destruir o exército israelense da Divisão de Gaza, as instalações militares israelenses localizadas perto dos assentamentos israelenses ao redor de Gaza.
2. Evitar danos a civis, especialmente crianças, mulheres e idosos, é um compromisso religioso e moral de todos os combatentes das Brigadas Al-Qassam. Reiteramos que a resistência palestina foi totalmente disciplinada e comprometida com os valores islâmicos durante a operação e que os combatentes palestinos apenas alvejaram os soldados da ocupação e aqueles que portavam armas contra nosso povo.

Enquanto isso, os combatentes palestinos estavam ansiosos para evitar ferir civis, apesar do fato de que a resistência não possui armas precisas. Além disso, se houve algum caso de alvejamento de civis, isso aconteceu acidentalmente e no curso do confronto com as forças de ocupação.

Desde sua criação em 1987, o Movimento Hamas se comprometeu a evitar danos a civis...

3. Talvez algumas falhas tenham ocorrido durante a implementação da Operação Al-Aqsa Flood devido ao rápido colapso do sistema militar e de segurança israelense, e ao caos causado ao longo das áreas de fronteira com Gaza.

   Como atestado por muitos, o Movimento Hamas lidou de forma positiva e gentil com todos os civis que foram mantidos em Gaza, e buscou libertá-los desde os primeiros dias da agressão, e foi isso que aconteceu durante a trégua humanitária de uma semana, onde esses civis foram libertados em troca da libertação de mulheres e crianças palestinas das prisões israelenses.

4. A ideia promovida pela ocupação israelense de que as Brigadas Al-Qassam estariam tendo civis israelenses como alvos no 7 de outubro não passam de mentiras e invenções. A fonte dessas alegações é a narrativa oficial israelense e nenhuma fonte independente provou nenhuma delas. É um fato bem conhecido que a narrativa oficial israelense sempre buscou demonizar a resistência palestina, ao mesmo tempo que legalizou sua agressão brutal em Gaza.

Aqui estão alguns detalhes que vão contra as alegações israelenses:

- Os videoclipes feitos naquele dia – 7 de outubro – junto com os depoimentos dos próprios israelenses que foram divulgados mais tarde mostraram que os combatentes das Brigadas Al-Qassam não tinham como alvo civis, e muitos israelenses foram mortos pelo exército e pela polícia israelenses devido à confusão.

- Também foi firmemente refutada a mentira dos "quarenta bebês decapitados" pelos combatentes palestinos, e até mesmo fontes israelenses negaram essa mentira. Muitas das agências de mídia ocidentais infelizmente adotaram essa alegação e a promoveram.
- A sugestão de que os combatentes palestinos cometeram estupro contra mulheres israelenses foi totalmente negada, inclusive pelo Movimento Hamas. Um relatório do site de notícias *Mondoweiss* em 1º de dezembro de 2023, entre outros, disse que não há nenhuma evidência de "estupro em massa" supostamente perpetrado por membros do Hamas em 7 de outubro e que Israel usou tal alegação "para alimentar o genocídio em Gaza".
- De acordo com duas reportagens do jornal israelense *Yedioth Ahronoth* em 10 de outubro e do jornal *Haaretz* em 18 de novembro, muitos civis israelenses foram mortos por um helicóptero militar israelense, especialmente aqueles que estavam no festival Nova de música, perto de Gaza, onde 364 civis israelenses foram mortos...
- Outros testemunhos israelenses confirmaram que os ataques do exército israelense e as operações dos soldados mataram muitos prisioneiros israelenses e seus captores. O exército de ocupação israelense bombardeou as casas nos assentamentos israelenses onde os combatentes palestinos e israelenses estavam, em uma aplicação clara da notória "Diretiva Hannibal" do exército israelense, que diz claramente que "é melhor um refém civil ou soldado morto do que capturado vivo" para evitar o envolvimento em uma troca de prisioneiros com a resistência palestina.

- Além disso, as autoridades de ocupação revisaram o número dos seus soldados e civis mortos de 1.400 para 1.200, após descobrirem que duzentos corpos queimados pertenciam aos combatentes palestinos que foram mortos e misturados com corpos israelenses. Isso significa que quem matou os combatentes é quem matou os israelenses, sabendo que somente o exército israelense possui aviões militares que mataram, queimaram e destruíram áreas israelenses em 7 de outubro.
- Os pesados ataques aéreos israelenses em Gaza, que levaram à morte de quase sessenta prisioneiros israelenses, também provam que a ocupação israelense não se importa com a vida de seus prisioneiros em Gaza.

5. Também é fato que vários colonos israelenses em assentamentos ao redor de Gaza estavam armados e entraram em confronto com combatentes palestinos em 7 de outubro. Esses colonos foram registrados como civis, enquanto o fato é que eram homens armados lutando ao lado do exército israelense.
6. Ao falar sobre civis israelenses, deve-se saber que o recrutamento se aplica a todos os israelenses acima de 18 anos – homens que serviram 32 meses de serviço militar e mulheres que serviram 24 meses – onde todos podem portar e usar armas. Isso se baseia na teoria de segurança israelense de um "povo armado" que transformou a entidade israelense em "um exército com um país anexado".
7. A matança brutal de civis é uma abordagem sistemática da entidade israelense, e um dos meios para humilhar o povo palestino. A matança em massa de palestinos em Gaza é uma evidência clara de tal abordagem.
8. O canal de notícias Al Jazeera disse num documentário que em um mês de agressão israelense a Gaza, a média diária de mortes de crianças palestinas foi de 136, enquanto a média

de mortes de crianças na Ucrânia – durante a guerra russo--ucraniana – foi de uma criança por dia.

9. Aqueles que defendem a agressão israelense não olham para os eventos de forma objetiva, mas, em vez disso, justificam o assassinato em massa de palestinos por Israel dizendo que haveria baixas entre civis ao atacar os combatentes do Hamas. No entanto, eles não usariam tal suposição quando se trata do evento da Al-Aqsa Flood em 7 de outubro.
10. Estamos confiantes de que quaisquer investigações justas e independentes provarão a verdade de nossa narrativa e a escala de mentiras e informações enganosas do lado israelense. Isso também inclui as alegações israelenses sobre os hospitais em Gaza de que a resistência palestina os usou como centros de comando; uma alegação que não foi provada e foi refutada por relatos de muitas agências de imprensa ocidentais.

Terceiro: rumo a uma investigação internacional transparente

1. A Palestina é um Estado-membro do Tribunal Penal Internacional (TPI) e aderiu ao seu Estatuto de Roma em 2015. Quando a Palestina solicitou uma investigação sobre crimes de guerra israelenses cometidos em seus territórios, foi confrontada pela intransigência e rejeição israelenses, e ameaças de punir os palestinos pelo pedido ao TPI. Também é lamentável mencionar que houve grandes potências, que alegam manter valores de justiça, completamente do lado da narrativa da ocupação e se opuseram aos movimentos palestinos no sistema de justiça internacional. Essas potências querem manter "Israel" como um Estado acima da lei e garantir que ele escape da responsabilidade e da prestação de contas.

2. Instamos esses países, especialmente a administração dos Estados Unidos, Alemanha, Canadá e Reino Unido, se quiserem que a justiça prevaleça como alegam, a anunciar seu apoio ao curso da investigação de todos os crimes cometidos na Palestina ocupada e deem total apoio aos tribunais internacionais para que façam seu trabalho de forma eficaz.
3. Apesar das dúvidas desses países em relação à justiça, ainda pedimos ao promotor do TPI e sua equipe que venham imediata e urgentemente à Palestina ocupada para investigar os crimes e violações cometidos, em vez de apenas observar a situação remotamente ou ficarem sujeitos às restrições israelenses.
4. Em dezembro de 2022, quando a Assembleia Geral da ONU aprovou uma resolução buscando a opinião da Corte Internacional de Justiça (CIJ) sobre as consequências legais da ocupação ilegal de territórios palestinos por "Israel", aqueles (poucos) países que apoiam "Israel" anunciaram sua rejeição à medida que foi aprovada por quase cem países. E quando nosso povo – e seus grupos legais e de direitos – buscaram processar os criminosos de guerra israelenses em tribunais dos países europeus por meio do sistema de jurisdição universal – os regimes europeus obstruíram as ações em favor dos criminosos de guerra israelenses para permanecerem livres.
5. Os eventos de 7 de outubro devem ser colocados em seu contexto mais amplo, e que todos os casos de luta contra o colonialismo e a ocupação em nosso tempo contemporâneo sejam evocados. Essas experiências de luta mostram que, no mesmo nível de opressão cometido pelo ocupante, haveria uma resposta equivalente pelo povo sob ocupação.
6. O povo palestino e os povos em todo o mundo percebem a escala de mentiras e enganos desses governos que apoiam a prática narrativa israelense em suas tentativas de justificar seu preconceito cego e encobrir os crimes israelenses. Esses

países conhecem a raiz das causas do conflito, que são a ocupação e a negação do direito do povo palestino de viver com dignidade em suas terras. Esses países não mostram interesse na continuação do bloqueio injusto a milhões de palestinos em Gaza, e também não mostram interesse nos milhares de palestinos detidos em prisões israelenses mantidos em condições em que seus direitos básicos são, em sua maioria, negados.

7. Saudamos as pessoas livres do mundo de todas as religiões, etnias e origens que se reúnem em todas as capitais e cidades do mundo para expressar sua rejeição aos crimes e massacres israelenses, e para mostrar seu apoio aos direitos do povo palestino e sua justa causa.

APÊNDICE 6
Centro Palestino de Política e Pesquisas, Pesquisa de Opinião Pública nº 92, trechos

12 de junho de 2024

Fonte: pcpsr.org/sites/default/files/Poll%2092%20English%20full%20text%20July2024.pdf

Observação: vale a pena ler o relatório completo do PCPSR. *Ele apresenta todas as principais descobertas da pesquisa em gráficos de barras informativos que não conseguimos reproduzir aqui.*

* * *

Introdução:

Estes são os resultados da última pesquisa realizada pelo Centro Palestino de Políticas e Pesquisas (PSR) na Cisjordânia e na Faixa de Gaza entre 26 de maio e 1º de junho de 2024.[21] O período anterior à pesquisa testemunhou a continuação e expansão da guerra na Faixa de Gaza…

Para garantir a segurança dos nossos coletores de dados na Faixa de Gaza, entrevistas foram conduzidas com moradores em áreas específicas onde não havia combate ativo. As áreas cobertas

[21] Vale a pena notar que esta longa série de pesquisas de opinião nunca incluiu as opiniões da grande maioria do povo palestino que foi impedido por Israel, por muitas décadas, de continuar a residir na Cisjordânia e em Gaza ou em outras áreas do Mandato Palestino – ou os cerca de 2 milhões de palestinos que são cidadãos de Israel.

incluíam partes das áreas de Rafah e Khan Younis e a Faixa de Gaza central e todos os abrigos nela, mas não o enclave sitiado ao norte e outras áreas de combate na Faixa de Gaza central e na área oriental de Rafah... O tamanho da amostra desta pesquisa foi de 1.570 adultos, dos quais 760 foram entrevistados pessoalmente na Cisjordânia (em 76 áreas residenciais) e 750 na Faixa de Gaza (em 75 locais)... A margem de erro é de +/-3%.

Metodologia de coleta de dados na Faixa de Gaza:

Como fizemos em nossa pesquisa anterior há três meses, 75 comunidades foram selecionadas entre moradores de Rafah, Khan Younis, Al-Mawasi, Deir al-Balah e outras áreas na Faixa de Gaza central e entre as pessoas deslocadas que estavam abrigadas nessas áreas sob as instruções do exército israelense, de modo que essas comunidades eram *"áreas de contagem"*, de acordo com a classificação do Bureau Palestino de Estatísticas, como foi feito em Rafah, algumas áreas de Khan Younis e na Faixa de Gaza central, ou comunidades deslocadas em *abrigos construídos*, que são escolas e outras instituições afiliadas ao governo ou à UNRWA, ou *reuniões em tendas* localizadas nas áreas de Rafah, Khan Younis, Al Mawasi e na Faixa de Gaza central. A amostra foi extraída de acordo com a seguinte metodologia:

1. Nas "**áreas de contagem**" especificadas pelo Bureau Palestino de Estatísticas, onde o número dessas áreas atingiu 29.
2. Nos **abrigos construídos**, uma amostra aleatória regular foi retirada das listas desses centros que foram obtidas, representando todos os centros de abrigo no oeste de Rafah, Deir al-Balah e outras áreas na Faixa de Gaza central, áreas de Rafah e Khan Younis, e o número dessas áreas chegou a vinte.
3. Nas **reuniões em tendas** nas áreas de Rafah, Khan Younis, Al-Mawasi e na Faixa de Gaza central, onde mapas de satélite

mostrando as localizações dessas comunidades foram usados. Essas áreas foram divididas em blocos e uma amostra aleatória regular de 26 blocos foi desenhada.

Em cada "área de contagem", abrigo construído ou reunião em tendas, dez pessoas foram selecionadas aleatoriamente para entrevistas, levando em consideração a distribuição de gênero e idade. A recusa em conduzir entrevistas foi de 9%. Vale a pena notar que 51% do público na Faixa de Gaza diz que foi deslocado para sua localização atual, onde foi entrevistado, por causa da invasão israelense de Rafah, que começou em 6 de maio, enquanto os 49% restantes dizem que não foram deslocados para sua localização atual por causa daquele ataque em particular.

Resumo das principais descobertas

Como em nossas duas pesquisas anteriores, três e seis meses atrás, a maioria das perguntas nesta pesquisa, cobrindo o segundo trimestre de 2024, girava em torno do ataque de 7 de outubro e da subsequente guerra Israel-Hamas e da invasão terrestre israelense da Faixa de Gaza, o sofrimento humano sem precedentes dos moradores da Faixa de Gaza, as atrocidades da guerra, o debate sobre o futuro da Faixa de Gaza após a guerra, a possibilidade de invadir Rafah completamente e suas repercussões, a decisão do procurador-geral do Tribunal Penal Internacional (TPI) de solicitar a prisão de líderes de Israel e do Hamas, e a satisfação pública com o desempenho das várias partes durante a guerra. Deve-se notar que as amostras em todas as três pesquisas não incluem moradores do norte da Faixa de Gaza que permaneceram em suas casas desde o início da guerra devido à incapacidade de nossos pesquisadores de contatá-los e à falta de dados confiáveis sobre seu número e paradeiro naquela área...

As descobertas indicam que cerca de 80% dos habitantes de Gaza perderam um parente ou que um parente foi ferido na guerra atual. No entanto, dois terços do público apoiam o ataque de 7 de outubro e quase 80% acreditam que ele colocou a questão palestina no centro da atenção global. Embora uma maioria esmagadora não acredite que as decisões do TPI, se emitidas, levariam à prisão de líderes em Israel ou no Hamas, a maioria acredita que tais decisões poderiam contribuir para acelerar o processo de fim da guerra. As descobertas também indicam que dois terços do público esperam que o Hamas vença a guerra em Gaza, mas essa porcentagem cai para apenas cerca de metade na Faixa de Gaza. Além disso, apenas metade dos habitantes de Gaza espera que o Hamas volte a controlar a Faixa após a guerra... A demanda pela renúncia de Abbas está aumentando, e as descobertas mostram um aumento na popularidade do Hamas e de Marwan Barghouti. As descobertas também indicam uma queda significativa na Faixa de Gaza no apoio à solução de dois Estados, embora cerca de metade do público acredite que a prioridade palestina deva ser acabar com a ocupação e estabelecer um Estado palestino independente. Em contrapartida, o apoio à luta armada aumenta e o apoio à dissolução da Autoridade Palestina situa-se em mais de 60%.

Condições humanitárias: começamos com as condições humanitárias e de vida no centro e no sul da Faixa de Gaza. Houve um ligeiro aumento na porcentagem daqueles que perderam parentes nesta guerra para mais de 60%, e os resultados, como na pesquisa anterior, indicam que cerca de 80% dos moradores de Gaza dizem que pelo menos um de seus familiares foi morto ou ferido. A pesquisa mostra melhorias em alguns indicadores que foram monitorados, como a possibilidade de encontrar comida, mas a esmagadora maioria ainda diz que não consegue chegar a esses lugares onde pode acessar comida ou água sem grande dificuldade ou risco e que os abrigos onde agora vivem carecem da maioria das necessidades básicas... Também deve ser notado que há queixas significativas de discriminação por motivos políticos na distribuição de ajuda humanitária, e que esta porcentagem aumentou para três quartos nesta pesquisa. Quase dois terços culpam Israel por seu sofrimento, e a maioria dos outros culpa os Estados Unidos. Os que colocam a culpa no Hamas na Faixa de Gaza não ultrapassam 8%.

Apoio ao ataque em 7 de outubro: embora o apoio geral à ofensiva do Hamas em 7 de outubro permaneça alto, ele viu um declínio de quatro pontos percentuais em comparação à pesquisa anterior, agora em dois terços. A diminuição dessa porcentagem veio da Faixa de Gaza, que viu uma diminuição de quatorze pontos percentuais. É importante notar que o apoio a este ataque, como veremos mais tarde, não significa necessariamente apoio ao Hamas e não significa apoio a quaisquer assassinatos ou atrocidades cometidas contra civis. O apoio vem por outro motivo: as descobertas mostram que mais de 80% dos palestinos acreditam que o ataque colocou a questão palestina no centro das atenções e eliminou anos de negligência nos níveis regional e internacional.

Crimes de guerra: como descobrimos nas duas pesquisas anteriores, três e seis meses atrás, quase todos os palestinos acreditam que Israel está cometendo crimes de guerra hoje, enquanto quase todos acreditam que o Hamas não está cometendo crimes de guerra. Além disso, mais de 90% acreditam que o Hamas não cometeu nenhuma atrocidade contra civis israelenses no dia 7 de outubro. Apenas um em cada dez palestinos viu vídeos mostrando atrocidades cometidas pelo Hamas...

O TIJ e o ataque a Rafah: três quartos do público esperam que o TIJ não consiga impedir uma abrangente invasão terrestre a Rafah porque os Estados Unidos protegeriam Israel das decisões do tribunal...

O TPI: à luz da decisão do procurador-geral do TPI de solicitar ao tribunal que emita mandados de prisão para o primeiro-ministro israelense Netanyahu e o ministro da defesa Galant, e três líderes do Hamas, uma esmagadora maioria (71%) acredita que os líderes israelenses não serão realmente presos e processados... Uma maioria na Cisjordânia e um terço dos habitantes de Gaza acreditam que a decisão do TPI contra os líderes do Hamas só aumentará a popularidade do movimento.

* * *

Quem controlará Gaza após a guerra: diferentemente da pesquisa anterior, uma porcentagem maior de moradores da Cisjordânia diz hoje, em comparação a três meses atrás, que a Faixa de Gaza permanecerá sob o controle do Hamas, enquanto mais moradores de Gaza agora acreditam que o Hamas não será o poder governante no futuro. Em uma pergunta semelhante, que incluía especulações ou estimativas sobre o cenário mais provável para o dia após a guerra, os resultados foram próximos à primeira pergunta, com metade dos moradores de Gaza dizendo que o Hamas retornaria para controlar a Faixa de Gaza. Perguntamos sobre a opinião do público sobre esses cenários. Um pouco mais da metade dos moradores de Gaza disseram que prefeririam o retorno do Hamas, em comparação com cerca de dois terços na Cisjordânia. Mais de um quarto dos moradores de Gaza disseram que prefeririam uma nova Autoridade Palestina com um presidente, parlamento e governo eleitos, uma opção que não estava disponível em nossa pesquisa anterior.

Implantação de forças de segurança árabes na Faixa de Gaza:

Em dezembro de 2023, perguntamos ao público sobre sua visão em relação à implantação de uma força de segurança árabe, do Egito e da Jordânia, na Faixa de Gaza. Na época, encontramos uma oposição generalizada de 70% à ideia, mesmo que essas forças fossem implantadas para auxiliar as forças de segurança palestinas. Nesta pesquisa, a oposição a tal força de segurança sobe para 75%.

* * *

Satisfação com o desempenho de várias partes durante a guerra: assim como fizemos nas duas pesquisas anteriores, perguntamos, na atual, sobre a satisfação pública com o papel desempenhado durante a guerra por atores palestinos, árabes/regionais e internacionais. Os resultados mostram níveis semelhantes de satisfação às duas pesquisas anteriores, exceto por um aumento significativo na satisfação com o Irã.

✓ A porcentagem de satisfação com o Hamas e Yahya Sinwar continua muito alta. Em contraste, a satisfação com o Fatah e o presidente Abbas continua a declinar...

✓ No nível regional, a maior taxa de satisfação foi para Iêmen, Hezbollah, Catar e Irã, com Jordânia e Egito bem atrás deles e em taxas baixas. É evidente nesta pesquisa o aumento da satisfação com o Irã, em mais 19 pontos percentuais em comparação a três meses atrás, provavelmente devido ao ataque direto de mísseis do Irã a Israel em abril...

✓ Quanto aos atores internacionais não regionais, a Rússia teve o maior índice de satisfação, pouco mais de um quarto, seguida pelas Nações Unidas, Alemanha e Estados Unidos.

✓ No contexto da percepção do público sobre as repercussões internacionais desencadeadas pela guerra em Gaza, o público palestino está otimista de que os protestos estudantis nas universidades estadunidenses realmente trarão uma mudança na política dos Estados Unidos para torná-la mais favorável ao lado palestino ou menos favorável ao lado israelense, com cerca de 70% acreditando nisso.

Apoio a facções palestinas: quando perguntados sobre qual partido político ou movimento eles preferem, a maior porcentagem (40%) disse que prefere o Hamas, seguido pelo Fatah (20%), 8% escolheram terceiras forças e um terço disse que não apoia nenhuma delas ou não tem opinião. Esses resultados significam que o apoio ao Hamas nos últimos três meses aumentou em 6 pontos percentuais; o apoio ao Fatah aumentou em 3 pontos percentuais no mesmo período...

Apoio aos líderes palestinos: no nível de liderança, a pesquisa atual mostra que o apoio a Marwan Barghouti continua a aumentar. Em uma eleição presidencial entre três candidatos, o atual presidente Mahmoud Abbas, o líder do Hamas Ismail Haniyeh e Marwan Barghouti, um líder do Fatah atualmente em uma prisão israelense, Barghouti ganha da maioria dos participantes. Em uma competição bidirecional entre Barghouti e Haniyeh, o primeiro ganha o voto de cerca de 60% dos eleitores participantes. Em uma pergunta espontânea, ou seja, sem respostas predeterminadas, pedimos ao público para nomear seu candidato preferido para ser presidente da AP após Abbas. Marwan Barghouti ficou em primeiro lugar, com 29% do público mencionando seu nome, seguido por Ismail Haniyeh (14%), Mohammed Dahlan (8%), Yahya Sinwar (7%) e Mustafa Barghouti (2%).

Demanda pela renúncia do presidente Abbas: a satisfação com o desempenho de Abbas está em 12%, e a insatisfação, em 85%. Cerca de 90% querem que o presidente renuncie. Hoje,

94% dos cidadãos da Cisjordânia e 83% dos habitantes de Gaza exigem a renúncia do presidente.

* * *

Apoio à solução de dois Estados: ... O apoio à solução de dois Estados é de apenas um terço e a maioria diz que apoia a luta armada... Quase metade, tanto na Faixa de Gaza quanto na Cisjordânia, acredita que o objetivo mais importante e vital para o povo palestino deve ser uma "retirada israelense para as fronteiras de 1967 e o estabelecimento de um Estado palestino na Cisjordânia e na Faixa de Gaza com Jerusalém Oriental como sua capital".

Apoio à luta armada: ao considerar três opções possíveis para os palestinos quebrarem o impasse atual no processo político para acabar com a ocupação israelense, as descobertas atuais apontam para um aumento de oito pontos percentuais no apoio à luta armada para quase um terço; e um aumento de quatro pontos percentuais no apoio à resistência não violenta para quase metade. Mais de 60% apoiaram a dissolução da Autoridade Palestina, e mais de um quinto apoiou o abandono da solução de dois Estados e a exigência de um único Estado para palestinos e israelenses. Além disso, quando apresentamos ao público três meios possíveis para acabar com a ocupação israelense e estabelecer um Estado palestino independente e pedimos que escolhessem o mais eficaz, um pouco mais da metade escolheu "luta armada"; e um quarto escolheu negociações. Esses resultados indicam um aumento de oito pontos percentuais no apoio à luta armada com o apoio às negociações permanecendo inalterado. O aumento no apoio à luta armada vem da Faixa de Gaza, onde essa porcentagem aumenta em dezessete pontos.

Normalização saudita-israelense: a pesquisa encontrou uma oposição significativa de três quartos do público à normalização saudita-israelense, mesmo que esteja condicionada à aceitação de um Estado palestino por Israel e à tomada de medidas concretas e irreversíveis em direção a esse objetivo.

* * *

LISTA DE PESSOAS

Abbas, Mahmoud (Abu Mazen): líder veterano do Fatah, nascido em 1935, que após a morte de Yasser Arafat em 2004 o sucedeu como líder do Fatah, da OLP e da Autoridade Palestina.

Abdel-Hadi, Mahdi: cientista político palestino sênior e chefe fundador da Sociedade Acadêmica Palestina para o Estudo de Assuntos Internacionais (Passia, sigla em inglês), estabelecida em Jerusalém em 1987.

Abu Iyad: *nome de guerra* do cofundador do Fatah, Salah Khalaf, que foi assassinado no Cairo em janeiro de 1991, provavelmente por ordem do Iraque ou de Abu Nidal.

Abu Jihad: *nome de guerra* do cofundador do Fatah, Jihad al-Wazir, assassinado em Túnis em 1988 pelos israelenses.

Abu Marzouq, Musa: um dos cofundadores do Hamas que serviu em diferentes mandatos como chefe e depois vice-chefe do birô político do movimento.

Abu Nidal: *nome de guerra* do antigo líder do Fatah, Sabri al-Banna. Ele rompeu com o grupo em 1974 para formar o "Fatah, o Conselho Revolucionário", que, em aliança com o governo iraquiano, realizou muitos assassinatos e outras operações terroristas ao redor do mundo. Ele morreu em 2002 em Bagdá, aparentemente nas mãos de agentes do governo iraquiano.

Abushanab, Ismail: um cofundador de alto escalão do Hamas que era um forte apoiador de uma trégua de longo prazo com Israel; assassinado por Israel em agosto de 2003.

Al-Hayya, Khalil: oficial sênior do Hamas que foi um dos eleitos para o CLP em 2006.

Al-Qardawi, Yusuf: um acadêmico sênior nascido no Egito que foi uma peça-chave de legitimação intelectual islâmica para a Irmandade Muçulmana. Qardawi viveu no Catar por muitos anos, transmitiu um programa de TV muito influente de lá e morreu em 2022, aos 96 anos.

Al-Qassam, Izzeddine: um pregador originário da Síria que foi o principal organizador e inspiração para a "Revolta Árabe" travada contra a força colonial britânica na Palestina, entre 1936-39. Os britânicos o mataram em 1935, mas ele continuou sendo uma inspiração fundamental para o Hamas, que deu seu nome tanto à sua ala militar quanto ao seu foguete original, de fabricação nacional.

Arafat, Yasser: um dos cofundadores do Fatah que, após os assassinatos de Abu Jihad e Abu Iyad, tornou-se o líder cada vez mais autocrático do Fatah e do grupo mais amplo, a OLP. Em 1993, como chefe da OLP, Arafat assinou os Acordos de Oslo com Israel. Ele morreu em novembro de 2004.

Barak, Ehud: primeiro-ministro de Israel de 1999 a 2001. Membro do Partido Trabalhista, serviu de 1991 a 1995 como chefe de Estado do Exército israelense.

Barghouti, Mustafa: o chefe fundador do partido Iniciativa Nacional Palestina (PNI, sigla em inglês). Barghouti, um médico, ganhou destaque como o principal organizador dos Comitês de Assistência Médica, que desempenharam um grande papel na Primeira Intifada.

Barghouti, Marwan: ativista de longa data do Fatah, nascido em 1959, que depois de Oslo pediu aos líderes do Fatah que retornassem à sua militância anterior e liderou a facção militante "Tanzim" no Fatah. O exército israelense o prendeu em 2002. Ele foi julgado e recebeu cinco sentenças de prisão perpétua. Um líder no movimento de prisioneiros palestinos para construir uma ampla coalizão nacionalista.

Daif, Mohammad: *nome de guerra* do morador de Gaza e organizador que liderou as Brigadas Qassam do Hamas desde 2002. Ele sobreviveu a pelo menos sete tentativas de assassinato israelenses desde 2001. Sua esposa e seus dois filhos pequenos foram mortos em um ataque aéreo israelense em 2014.

Dayton, Keith: general dos Estados Unidos que, de 2005 a 2010, chefiou a missão dos Estados Unidos que forneceu o treinamento principal às forças de segurança da Autoridade Palestina, que então se tornaram amplamente conhecidas como as "forças de Dayton".

Gantz, Benny: ex-chefe militar israelense que então entrou na política, fundando o partido Israel Resilience (Resiliência Israelense) que mais tarde se tornou parte da coalizão National Unity (Unidade Nacional). Geralmente oposto ao Partido Likud de Netanyahu, depois de 7 de outubro de 2023, ele se juntou ao "gabinete de guerra" especial que Netanyahu estabeleceu; Netanyahu dissolveu o gabinete de guerra em junho de 2024.

Hamdan, Osama: figura política e diplomata sênior do Hamas, nascido em um campo de refugiados de Gaza, é representante do Hamas no Líbano desde 1988.

Haniyeh, Ismail: organizador do Hamas de longa data, nascido em Gaza, que liderou a participação do Hamas nas eleições do CLP de 2006. Ele foi eleito para o CLP e, em seguida, eleito pelos parlamentares para ser o primeiro-ministro da AP, uma designação contestada pelos líderes do Fatah em Ramallah. Depois que as redes do Hamas elegeram Haniyeh como chefe do bureau político em 2016-17, ele se mudou para o Catar.

Khamenei, Seyyid Ali: o segundo "Líder Supremo" no Irã, que sucedeu o Aiatolá Khomeini naquele posto após sua morte em 1989.

Khomeini, Aiatolá Ruhollah: o primeiro "Líder Supremo" da República Islâmica do Irã que inspirou e liderou o movimento revolucionário islâmico (xiita) que chegou ao poder em 1979.

Mandela, Nelson: líder do CNA (e fundador de sua ala militar), que foi preso por seu ativismo antiapartheid de 1962 a 1990. Sua libertação em 1990 foi parte de um esforço do governo do apartheid e da liderança do CNA [Congresso Nacional Africano] em Lusaka para negociar o fim do sistema do Apartheid; e obteve grande sucesso.

Meshaal, Khaled: nascido na Cisjordânia em 1956; o chefe fundador da filial do Hamas no Kuwait, que ajudou a organizar o gabinete político geral do movimento e atuou como seu presidente de 1996 a 2017.

Morsi, Mohammad: veterano chefe da Irmandade Muçulmana do Egito, foi eleito presidente do Egito nas eleições nacionais realizadas em junho de 2012. Um ano depois, ele foi derrubado em um violento golpe militar apoiado pelos Emirados Árabes Unidos. Foi preso e sentenciado à prisão perpétua, onde as más condições ajudaram a levá-lo à morte em 2019.

Netanyahu, Benjamin: primeiro-ministro de Israel de 1996 a 1999, 2009 a 2021 e de dezembro de 2022 até pelo menos meados de 2024; membro do Partido Likud.

Raisi, Ebrahim: presidente eleito do Irã, de 2021 até sua morte em um acidente de helicóptero em maio de 2024.

Rajoub, Jibril: militante veterano do Fatah; chefe das forças de segurança da Autoridade Palestina até 2002; secretário-geral do Comitê Central do Fateh desde 2017.

Rantisi, Abdelaziz: cofundador do Hamas junto com o xeque Ahmad Yassin, ele foi assassinado por Israel em 2004.

Ross, Dennis: veterano, fortemente pró-Israel, diplomata dos Estados Unidos que trabalhou para os presidentes George H. W. Bush, Bill Clinton e Barack Obama. Em 2002, ele foi o presidente fundador do Jewish People Policy Institute (Instituto de Políticas do Povo Judeu), um *think tank* sediado em Jerusalém.

Shalit, Gilad: soldado israelense capturado pelo Hamas em Gaza em 2006, em 2011 ele foi libertado em um acordo mediado pelo Egito em troca de 1.072 prisioneiros palestinos.

Shanti, Jamila: professora palestina que fundou o ramo feminino do Hamas. Ela foi eleita para o CLP em 2006, tornou-se ministra no governo do Hamas em Gaza em 2011 e foi membro do birô político do Hamas. Foi assassinada por Israel em outubro de 2023, assim como seu esposo, Abdelaziz Rantisi, havia sido dezenove anos antes.

Shikaki, Khalil: cientista político nascido em Rafah que fundou e ainda dirige o Centro Palestino de Pesquisa Política, sediado em Jerusalém.

Sisi, Abdelfatah: o chefe militar egípcio que orquestrou o golpe de 2013 contra o presidente Morsi e ocupou a presidência desde então.

Sinwar, Yahya: atualmente (julho de 2024) é chefe das organizações do Hamas na Faixa de Gaza. Ele foi preso pelos israelenses em 1989 e condenado a quatro penas de prisão perpétua, mas foi libertado em 2011 como parte da troca de prisioneiros de Gilad Shalit. Enquanto estava na prisão, ele aprendeu hebraico, estudou a sociedade israelense de perto, escreveu um romance e foi um líder das redes de prisioneiros do Hamas.

Yassin, Ahmad: fundador do Hamas e líder espiritual inicial. Nascido em 1936 no que hoje é Ashkelon, Israel, ele sofreu um acidente de luta livre aos 12 anos que o deixou tetraplégico. Sua família fugiu para o campo de refugiados de Shati em Gaza. Em 1989, os israelenses o prenderam e o sentenciaram à prisão perpétua, e em 1997 eles o libertaram em troca da Jordânia libertar dois agentes do Mossad presos enquanto tentavam matar Khaled Meshaal em Amã. Os israelenses tentaram matar Yassin em setembro de 2003, mas falharam. Eles tiveram sucesso em um ataque subsequente em março de 2004.

Zahhar, Mahmoud: médico e cofundador do Hamas, nascido na Cidade de Gaza em 1945. Ele foi eleito para o CLP em 2006 e nomeado ministro das Relações Exteriores no primeiro governo de Haniyeh. Ele sobreviveu a várias tentativas israelenses de matá-lo, em uma das quais seu filho foi morto.

GLOSSÁRIO DE TERMOS POLÍTICOS

48: a maneira como muitos palestinos se referem à área que se tornou Israel em 1948-49.

Abaya: volumosa cobertura de corpo inteiro, geralmente preta, usada em público por muitas mulheres muçulmanas praticantes.

Acordos de Oslo: dois acordos mediados pela Noruega, alcançados entre Israel e a OLP em setembro de 1993. Em um, a OLP concedeu reconhecimento formal ao Estado de Israel e Israel reconheceu a OLP como representante legítima dos palestinos. No outro, as duas partes concordaram em estabelecer uma "Autoridade Interina Autônoma Palestina" na Cisjordânia e em Gaza e em concluir as negociações para uma paz final até maio de 1999.

al-Aqsa: o local de culto muçulmano mais sagrado em Jerusalém, considerado pela maioria dos muçulmanos tão sagrado quanto Meca e Medina, na Arábia Saudita. Esta grande mesquita está localizada em uma extremidade de um campus pavimentado e arborizado que fica no topo do que muitos judeus consideram ser os restos de seu Segundo Templo.

Ansar Allah: veja "Houthis".

Autoridade Palestina (AP): o órgão, atualmente sediado em Ramallah, nasceu dos Acordos de Oslo de 1993 entre Israel e a OLP. O nome completo da AP é "Autoridade Interina Autônoma

Palestina". Sob Oslo, pretendia-se que operasse apenas por cinco anos até que um tratado de paz final fosse alcançado.

Brigadas Abu Ali Mustafa: a ala de combate (geralmente) de esquerda da Frente Popular para a Libertação da Palestina, FPLP.

Brigada dos Mártires de al-Aqsa: um dos principais grupos militantes dentro do Fatah que participou da Intifada de al-Aqsa.

Brigadas Qassam: a ala militar do Hamas.

[al-]Brigadas Quds: a ala militar da Jihad Islâmica Palestina.

Camp David em 2000: uma reunião que o presidente Clinton convocou perto do fim de seu segundo mandato, reunindo o primeiro-ministro israelense Ehud Barak e Yasser Arafat para chegar ao tão esperado tratado de paz final. O esforço falhou, desencadeando inúmeras acusações. A mídia ocidental adotou amplamente a visão israelense de que era tudo culpa de Arafat.

Conferência de Madri: conferência convocada em outubro de 1991 sob presidências conjuntas dos Estados Unidos e da (já decadente) União Soviética, e com apoio da ONU. Israel, Síria, Líbano e uma delegação conjunta jordaniana-palestina participaram e o objetivo era atingir acordos de paz definitivos entre Israel e todas as partes árabes. O processo fracassou e, no final de 1992, os israelenses recorreram à OLP para concluir os Acordos de Oslo bilaterais (e notavelmente nunca finalizados).

Congresso Nacional Africano (CNA): o principal movimento anticolonial e antiapartheid na África do Sul, estabelecido em 1912. Em 1992, o CNA e seus aliados concluíram um acordo inovador com o governo do apartheid da África do Sul para acabar com seu sistema de governança e estabelecer um sistema de um voto por pessoa.

Conselho Legislativo Palestino (CLP): o corpo legislativo eleito que, sob Oslo, tinha a intenção de supervisionar o trabalho da AP. Apenas os palestinos autorizados por Israel a residir na Cisjordânia e em Gaza têm permissão para votar nas eleições do CLP, que foram realizadas em 1996 e 2006.

Conselho Nacional Palestino (CNP): o "parlamento" de ampla representatividade da OLP.

"Crescente Xiita": termo às vezes usado para denotar o arco de movimentos políticos e governos xiitas que se estendem do sul do Líbano através da Síria e partes do Iraque até o Irã. (O governo da Síria é dominado pelos alauítas, uma seita muçulmana que é um desdobramento do xiismo.)

Declaração do Cairo (2005): um acordo a que o Fatah, o Hamas e dez outros movimentos palestinos chegaram em março de 2005, onde eles confirmaram que a OLP era a "única representante legítima" do povo palestino e concordaram que ela precisava se tornar mais inclusiva. Esta foi a base na qual o Hamas e os outros signatários concordaram que todos concorreriam nas eleições do CLP realizadas dez meses depois.

Documento dos Prisioneiros: programa promulgado em maio de 2006 por líderes de grupos significativos de facções palestinas mantidas em prisões israelenses, incluindo Fatah, Hamas e FPLP. Ele pedia o estabelecimento de um Estado palestino em todas as áreas palestinas que Israel ocupou em 1967 e a implementação do Direito de Retorno dos Palestinos.

"Dois Estados": a abordagem para resolver o conflito Palestina-Israel reivindicada em todas as resoluções da ONU desde 1947: com base em dois Estados vivendo em paz um ao lado do outro.

Eixo da Resistência: a aliança que conecta todas as principais forças na Ásia Ocidental (o "Oriente Médio") que se opõem ativamente às práticas expansionistas de Israel na região. Em meados de 2024, inclui o Irã, o Hezbollah, o Hamas, a Jihad Islâmica Palestina, o Ansar Allah (os Houthis, no Iêmen), grupos não estatais no Iraque, Líbano e outros lugares, e até certo ponto o governo da Síria. As relações entre alguns membros do Eixo eram fluidas ou conflitantes nos primeiros anos.

Fatah: uma sigla reversa para o nome árabe "Movimento de Libertação Palestina". O Fatah foi o primeiro grande movimento nacionalista nascido após a Nakba de 1948. Seus principais fundadores eram todos refugiados em Gaza: sua principal demanda era pelo "Retorno" dos refugiados às suas casas e propriedades anteriores a 1948. O Fatah lançou operações de guerrilha contra alvos israelenses em 1965. Em 1968-69, liderou uma aliança de grupos guerrilheiros que assumiram o controle da mais burocrática OLP, e Yasser Arafat do Fatah tornou-se chefe de ambas as organizações.

Fitna: termo árabe para "caos" ou "colapso social".

FLN: sigla em francês para "Frente de Libertação Nacional", usada por organizações anticoloniais na Argélia e no Vietnã.

Frente Popular (FPLP): movimento palestino de esquerda estabelecido na década de 1960 como o capítulo palestino do Movimento Nacionalista Árabe, um movimento regional amplo e secular.

Fronteiras de 67: as fronteiras (na verdade, uma série de linhas de armistício) dentro das quais Israel exerceu controle entre 1948 e 1967, e que os órgãos da ONU geralmente reconhecem como as fronteiras do Estado de Israel.

Grande Marcha do Retorno: uma campanha amplamente não violenta que organizações da sociedade civil em Gaza lançaram em março de 2018, na qual grandes grupos de civis marcharam em direção à Linha de Armistício de 1949 com Israel para tentar exercer seu "Direito de Retorno". A campanha recebeu algum apoio do Hamas. Ela continuou realizando marchas semanais por 21 meses, mas fracassou sob o peso dos duros ataques israelenses que mataram 223 manifestantes e feriram milhares de outros.

Hijab: cobertura de cabeça usada por mulheres muçulmanas devotas.

Hizb al-Khalas: versão abreviada do nome árabe do Partido Islâmico de Salvação Nacional, fundado em Gaza em março de 1996 como uma ramificação do Hamas.

Hezbollah: movimento militante que surgiu da grande comunidade muçulmana xiita do Líbano após – e em forte oposição à – invasão israelense do Líbano em 1982. Em 2000, os combatentes do Hezbollah expulsaram os últimos remanescentes israelenses daquela invasão. Em 2006, os israelenses fizeram outra invasão ampla e muito destrutiva no Líbano. Naquela época, o Hezbollah levou apenas 33 dias para repelir os invasores. O Hezbollah tem laços estreitos com o Irã, mas está profundamente enraizado no Líbano, desfrutando de fortes laços com outros partidos libaneses e colocando vários membros no parlamento do país.

Houthis: o nome que os ocidentais costumam dar ao movimento *Ansar Allah* ("Partidários de Deus") que tem sido o governo de fato do Iêmen devastado pela guerra por vários anos.

Hudna: termo árabe para "trégua".

Intifada: termo árabe que significa "uma sacudida" que passou a ser usado para as revoltas populares que os moradores dos TPOS lançaram contra a ocupação militar de suas terras por Israel.

Irmandade Muçulmana: uma organização islâmica sunita transnacional fundada no Egito pelo estudioso e professor islâmico Hassan al-Banna em 1928.

Isis: sigla para "Estado Islâmico do Iraque e da Síria", um movimento extremista que explodiu no poder no oeste do Iraque e no nordeste da Síria em 2014 e manteve alguns pequenos pontos de apoio na Síria até 2024.

Jihad Islâmica: versão abreviada de "Jihad Islâmica Palestina", um movimento militante que se separou da Irmandade Muçulmana em 1981 sob a influência do movimento islâmico (xiita) que tomou o poder no Irã em 1979.

Marhaba: "Olá" em árabe.

Marj al-Zuhur: área de encosta no sul do Líbano para onde, em dezembro de 1992, o primeiro-ministro israelense Yitzhak Rabin expulsou 396 supostos líderes da Primeira Intifada, incluindo muitos líderes do Hamas. O *Marj* ("Planície") era uma terra de ninguém entre as zonas israelenses e libanesas no país, e o governo libanês proibiu os deportados de entrarem em sua zona. Presos por meses no *Marj*, os deportados descobriram que o Hezbollah era o principal órgão que lhes dava ajuda; e logo o *Marj* se tornou uma universidade vívida na qual líderes militares e políticos do Hezbollah e dos partidos palestinos trocavam ideias, táticas e contatos.

Massacre de Ibrahimi: massacre que o colono israelense armado, nascido nos Estados Unidos, Baruch Goldstein empreendeu contra fiéis na Mesquita Ibrahimi de Hebron em 1994, matando 29 deles.

Mau Mau: o nome que os britânicos deram ao poderoso movimento anticolonial do Quênia, o Partido da Terra e da Liberdade.

Nakba: "catástrofe" em árabe; o termo que os palestinos e outros usam para a limpeza étnica em massa que as milícias sionistas (mais tarde israelenses) empreenderam contra os residentes originais da Palestina em 1947-49.

Neturei Karta: organização de judeus ultraortodoxos que é fortemente antissionista; tem muitos seguidores nos Estados Unidos e em Israel.

Norte Global: uma forma de se referir a países (geralmente "brancos") que são distintos e, em muitos casos, foram opressores coloniais dos países do "Sul Global".

Operação Paz para a Galileia: nome que Israel deu à grande invasão terrestre do Líbano lançada em junho de 1982, visando erradicar a presença militar da OLP e instalar um presidente pró-Israel no Líbano. Sob um acordo de cessar-fogo mediado pelos Estados Unidos, a OLP retirou seus combatentes do Líbano por mar em agosto. As ambições políticas de Israel para o Líbano falharam. Sua longa presença militar lá incubou o Hezbollah.

Organização para a Libertação da Palestina (OLP): a organização guarda-chuva para os esforços de libertação nacional dos palestinos estabelecida pela Liga dos Estados Árabes em 1964. Foi assumida pelo *Fatah* e outras organizações guerrilheiras palestinas (*feda'iyeen*) em 1968-69. Quase todos os movimentos de libertação palestinos, incluindo o Hamas, e a maioria dos governos em todo o mundo, consideram a OLP a "única representante legítima" do povo palestino.

Primeira Intifada: uma revolta em grande parte não violenta que eclodiu na Cisjordânia ocupada por Israel (incluindo Jerusalém Oriental) e na Faixa de Gaza em dezembro de 1987. As comunidades nessas áreas ocupadas por Israel mantiveram a Intifada diante das violentas contramedidas israelenses até que a liderança exilada da OLP concluiu os Acordos de Oslo com Israel em 1993.

Setembro Negro: referência ao mês em 1970 quando o exército da Jordânia apoiado pelos Estados Unidos derrotou a maioria das forças guerrilheiras palestinas restantes da Jordânia. O termo mais tarde se referiu à obscura organização terrorista afiliada ao Fatah que empreendeu várias operações notáveis, incluindo um ataque mortal contra atletas israelenses nas Olimpíadas de Munique de 1972.

Sharia: um sistema legal dominado pela lei canônica islâmica.

Sunita: o agrupamento mais tradicional e difundido no mundo muçulmano. Sua estrutura clerical é muito menos hierárquica do que a do xiismo. Quase todos os muçulmanos palestinos são sunitas.

Tahdi'a: um "período de calma" geralmente entendido como menos estável e mais frágil do que um cessar-fogo formal; mas pode levar a um.

Tribunal Internacional de Justiça (TIJ): o abrangente órgão judicial das Nações Unidas, que julga disputas entre os Estados que são membros da ONU.

***Waqf*:** um fundo comunitário, geralmente irrevogável, que é estabelecido e administrado de acordo com princípios especificamente religiosos.

BIBLIOGRAFIA

Nota: somos gratos aos nossos especialistas convidados que sugeriram muitas dessas fontes. Esta bibliografia não pretende ser exaustiva, mas vários dos livros e artigos incluídos aqui contêm bibliografias extensas que podem ajudar a orientar leituras adicionais.

Parte 1, livros:

Abu Amr, Ziad. *Islamic Fundamentalism in the West Bank and Gaza: Muslim Brotherhood and Islamic Jihad* [Fundamentalismo islâmico na Cisjordânia e em Gaza: Irmandade Muçulmana e Jihad Islâmica]. Indiana University Press, 1994.

Baconi, Tareq *Hamas Contained: A History of Palestinian Resistance* [Hamas contido: uma história de resistência palestina]. Stanford University Press, 2018.

Caridi, Paola. *Hamas: From Resistance to Regime, 3rd edition* [Hamas, da resistência ao regime]. Seven Stories Press, 2023.

Chehab, Zaki. *Inside Hamas: The Untold Story of the Militant Islamic Movement* [Por dentro do Hamas: a história não contada do movimento islâmico militante]. Nation Books, 2008.

Dalacoura, Katerina. *Islamist Terrorism and Democracy in the Middle East* [Terrorismo islâmico e democracia no Oriente Médio]. Cambridge University Press, 2011.

Gunning, Jeroen. *Hamas in Politics: Democracy, Religion, Violence* [Hamas na política: democracia, religião, violência]. Londres: C. Hurst, 2010.

Hroub, Khaled. *Hamas: A Beginner's Guide* [Hamas: um guia para iniciantes]. Londres: Pluto Press, 2010.

Jad, Islah. *Palestinian Women's Activism: Nationalism, Secularism, Islamism* [Ativismo das mulheres palestinas: nacionalismo, secularismo, islamismo]. Syracuse University Press, 2018.

Jensen, Michael Irving. *The Political Ideology of Hamas* [A ideologia política do Hamas]. I. B. Tauris, 2008.

Kear, Martin. *Hamas and Palestine: The Contested Road to Statehood* [Hamas e Palestina: O caminho contestado para a soberania]. Routledge, 2020.

McGeough, Paul. *Kill Khalid* [Mate Khalid]. The New Press, 2013.

Roy, Sara M. *Hamas and Civil Society in Gaza: Engaging the Islamist Social Sector* [Hamas e a sociedade civil em Gaza: envolvendo o setor social islâmico]. Princeton University Press, 2013.

Sen, Somdeep. *Decolonizing Palestine* [Descolonizando a Palestina]. Cornell University Press, 2020.

Seurat, Leila. *The Foreign Policy of Hamas* [A política externa do Hamas]. I. B. Tauris, 2022.

Stern-Weiner, Jamie. *Deluge* [Dilúvio]. OR Books, 2024.

Tamimi, Azzam, *Hamas*. Hurst & Company, 2009.

Tamimi, Azzam. *Hamas: A History from Within* [Hamas, uma história de dentro]. Olive Branch Press, 2011.

Wiktorowicz, Quintan. *Islamic Activism: A Social Movement Theory Approach* [Ativismo islâmico: uma abordagem da teoria do movimento social]. Indiana University Press, 2012.

Parte 2, artigos e outros fontes:

Abu-Amr, Ziad. Hamas: A Historical and Political Background [Hamas: um contexto histórico e político], *Journal of Palestine Studies*, v. 22, n. 4, jul. 1993, p. 5–19.

Abunimah, Ali It's time to change liberal discourse about Hamas [É hora de mudar o discurso liberal sobre o Hamas], *The Electronic Intifada*, 10 jul. 2021.

______. Why Do the Media Keep Parroting Israel's Genocidal Lies? [Por que a mídia continua repetindo as mentiras genocidas de Israel?], *The Electronic Intifada*, 18 mar. 2024.

Alsoos, Imad. What Explains the Resilience of Muslim Brotherhood Movements? An Analysis of Hamas' Organizing Strategies [O que explica a resiliência dos movimentos da Irmandade Muçulmana? Uma análise das estratégias de organização do Hamas], *Mediterranean Politics*, n. 28, 4 maio 2021, p. 1–24.

Anzalone, Kyle. IDF Report Found Multiple Cases of Friendly Fire Deaths on Oct 7 [Relatório da IDF encontrou vários casos de mortes por fogo amigo em 7 de outubro], *Antiwar.com*, 20 jun. 2024.

Araj, Bader. Harsh State Repression as a Cause of Suicide Bombing: The Case of the Palestinian–Israeli Conflict [A dura repressão estatal como causa de atentados suicidas: o caso do conflito palestino-israelense], *Studies in Conflict & Terrorism*, v. 31, n. 4, 4 abr. 2008, p. 284–303.

Blumenthal, Max. New Israeli Report Alleging 'Systematic and Intentional Rape' by Hamas Relies on Debunked Western Media Reports [Novo relatório israelense alegando 'estupro sistemático e intencional' pelo Hamas se baseia em relatos desmascarados da mídia ocidental], *The Grayzone*, 22 fev. 2024.

Brown, L. Carl; Khaled Hroub "Hamas: Political Thought and Practice" ["Hamas: pensamento e prática política"] *Foreign Affairs*, v. 80, n. 2, 2001, p. 162.

Cobban, Helena Hamas's Next Steps [Os próximos passos do Hamas], *Boston Review*, 3 maio 2006.

______. Sisterhood of Hamas [Sororidade do Hamas], *Salon*, 14 mar. 2006.

Dana, Tariq. The Palestinian Resistance and Its Enemies [A resistência palestina e seus inimigos), *Jacobin*, 21 de jul. 2014.

Dean, Jodi. Palestine Speaks for Everyone [A Palestina fala por todos], *Verso Blog*, 9 abr. 2024.

Filiu, Jean-Pierre. The Origins of Hamas: Militant Legacy or Israeli Tool? [As origens do Hamas: legado militante ou ferramenta israelense?], *Journal of Palestine Studies*, v. 41, n. 3, jul. 2012, p. 54–70.

Gunning, Jeroen Like Two Peas in a Pod or Two Roads Diverging? Comparing Hamas and Hizballah [Como duas ervilhas em uma vagem ou duas estradas divergindo? Comparando Hamas e Hezbollah], *Mediterranean Politics*, v. 26, 10 mar. 2020, p. 1–7.

______. Peace with Hamas? The Transforming Potential of Political Participation [Paz com o Hamas? O potencial transformador da participação política], *International Affairs*, v. 80, n. 2 mar. 2004, p. 233–255.

______; Richard Jackson. What's so "Religious" about 'Religious Terrorism'? [O que há de tão "religioso" em 'terrorismo religioso'?], *Critical Studies on Terrorism*, v. 4, n. 3 dez. 2011, p. 369–388.

Haspeslagh, Sophie. 'Listing Terrorists': The Impact of Proscription on Third-Party Efforts to Engage Armed Groups in Peace Processes – a Practitioner's Perspective ['Listando terroristas': o impacto da proscrição nos esforços de terceiros para envolver grupos armados em processos de paz – a perspectiva de um praticante], *Critical Studies on Terrorism*, v. 6, n. 1, abr. 2013, p. 189–208.

Hroub, Khaled. A 'Newer Hamas' Through Its New Documents [Um 'Hamas mais novo' através dos seus novos documentos], *Journal of Palestine Studies*, v. 35, n. 4, 2006.

______. A Newer Hamas? The Revised Charter [Um Hamas mais novo? A carta revisada], *Journal of Palestine Studies*, v. 46, n. 4, ago. 2017, p. 100–111.

______. Palestinian Nationalism, Religious (Un)Claims, and the Struggle against Zionism [Nacionalismo palestino, (não) reivindicações religiosas e a luta contra o sionismo], In: Rouhana,

Nadim N. ; Kevorkian, Nadera Shalhoub (Eds.). *When Politics Are Sacralized.* Cambridge University Press, 2021.

Hussein, Ahmed Qasem. The Evolution of the Military Action of the Izz Al-Din Al-Qassam Brigades: How Hamas Established Its Army in Gaza [A evolução da ação militar das brigadas Izz Al-Din Al-Qassam: como o Hamas estabeleceu seu exército em Gaza], *Al-Muntaqa: New Perspectives on Arab Studies*, v. 4, n. 1, (set.-out. 2021), p. 78-97.

Inkalesh, Robert. Why the U.S. Must Engage Hamas Politically [Por que os EUA devem dialogar politicamente com o Hamas], *Mondoweiss*, 2024, 23 fev. 2024.

Jackson, Richard Constructing Enemies: Islamic Terrorism in Political and Academic Discourse [Construindo inimigos: terrorismo islâmico no discurso político e acadêmico], *Government and Opposition*, v. 42, n. 3, jun. 2007, p. 394–426.

Kfoury, Assaf. Hamas: The Islamist Golem? [Hamas: o golem islâmico?], *Security In Context*, 6 mar. 2024.

Khalidi, Tarif; Mayssoun Sukarieh. Leader of the Underground Tells All [Líder do submundo conta tudo], *Mondoweiss*, 4 fev. 2024.

Kubovich, Yaniv IDF Ordered Hannibal Directive on October 7 to Prevent Hamas Taking Soldiers Captive [A IDF ordenou a diretiva Hannibal em 7 de outubro para impedir que o Hamas prenda soldados], *Haaretz*, 7 jul. 2024.

Omar, Abdaljawad. The Question of Hamas and the Left [A questão do Hamas e a esquerda], *Mondoweiss*, 23 maio 2024.

Reed, Wyatt. Haaretz Confirms Grayzone Reporting It Dismissed as 'Conspiracy' Showing Israel Killed Own Festivalgoers [Haaretz confirma que a reportagem do Grayzone que foi inicialmente descartada como 'conspiração' mostrando que Israel matou os próprios frequentadores do festival], *The Grayzone*, 21 nov. 2023.

Rose, David. The Gaza Bombshell [A bomba de Gaza], *Vanity Fair*, 3 mar. 2008 (edição de abril de 2008).

Sanders, Richard e equipe. October 7: Forensic Analysis Shows Hamas Abuses, Many False Israeli Claims [7 de outubro: análise forense mostra abusos do Hamas, muitas alegações falsas de Israel], *AlJazeera.com*, 21 mar. 2024. Disponível em: bit.ly/jazeera-on-oct-7-events.

Sayigh, Yezid. "We Serve the People": Hamas Policing in Gaza ["Nós servimos o povo": policiamento do Hamas em Gaza], um relatório da Universidade Brandeis, Crown Center for Middle East Studies, 2011 Disponível em: bit.ly/hamas-policing.

Scahill, Jeremy. On the Record with Hamas [Gravando as palavras do Hamas], *Drop Site*, 9 jul. 2024.

Sheen, David. How an Israeli Colonel Invented the Burned Babies Lie to Justify Genocide [Como um coronel israelense inventou a mentira dos bebês queimados para justificar o genocídio], *The Electronic Intifada*, 11 jul. 2024.

Tocci, Nathalie What Went Wrong? The Impact of Western Policies toward Hamas & Hezbollah [O que deu errado? O impacto das políticas ocidentais em relação ao Hamas e ao Hezbollah", resumo de política do *Center for European Policy Studies*, n. 135, jul. 2007.

Winstanley, Asa Israeli HQ Ordered Troops to Shoot Israeli Captives on 7 October [QG israelense ordenou que tropas atirassem em prisioneiros israelenses em 7 de outubro], *The Electronic Intifada*, 20 jan. 2024.

AGRADECIMENTOS

Estamos em dívida, antes de tudo, com nossos cinco especialistas convidados, que tão prontamente e prestimosamente contribuíram com sua expertise para este projeto. Também somos muito gratos aos vários pequenos doadores que expressaram seu apoio a este projeto da maneira mais concreta e útil! Descobrimos que trabalhar com Colin Robinson e a equipe da OR Books foi uma ótima experiência. E o suporte essencial, geralmente nos bastidores, para este projeto foi habilmente fornecido pelo Sr. Mustapha Muhammed em Kuala Lumpur e pela Sra. Malak Abusoud em Nova York: nossos profundos agradecimentos a vocês dois.

SOBRE OS AUTORES

Helena Cobban é uma jornalista e pesquisadora de assuntos internacionais que mora em Washington D.C. Em 1984, Cambridge U.P. publicou seu estudo seminal *The Palestinian Liberation Organisation*. Três de seus outros seis livros de autoria única lidaram com desenvolvimentos políticos e estratégicos no conflito árabe-israelense, o restante com questões mais globais. Por dezessete anos, ela teve colunas sobre questões globais para o *The Christian Science Monitor* e para o *Al-Hayat* (Londres). Em 2010, fundou a Just World Books, que publicou títulos inovadores de autores palestinos, judeus questionadores do sionismo e outros; e em 2016 ela foi cofundadora da Just World Educational, da qual agora é presidente. Sua principal plataforma de escrita atual é a Globalities.org.

Rami G. Khouri é um acadêmico e jornalista palestino-americano cuja família reside em Beirute, Amã e Nazaré. Durante sua carreira de cinquenta anos no jornalismo, foi editor-chefe dos jornais *Jordan Times* e *Daily Star* (Beirute) e contribuiu com reportagens e artigos de opinião sobre o Oriente Médio para o *Financial Times*, NPR, rádio BBC e outros veículos. Ele fundou e administrou o Instituto Issam Fares de Políticas Públicas e Assuntos Internacionais (IFI), na Universidade Americana de Beirute. Ele foi bolsista de jornalismo Harvard Nieman e membro sênior da Harvard Kennedy School e membro da Sociedade Acadêmica Palestina para o Estudo de Assuntos Internacionais em Jerusalém Oriental Árabe. Atualmente, é um membro distinto do IFI, membro sênior do Arab Center em Washington D.C., colaborador regular da *Al Jazeera* online e membro do conselho da Just World Ed. Seus textos e entrevistas estão disponíveis no X: @ramikhouri.

Leia Também

Em estado de choque: sobrevivendo em Gaza sob o ataque israelense
Mohammed Omer

Em Estado de Choque: Sobrevivendo em Gaza sob Ataque Israelense traz as crônicas do jovem jornalista palestino Mohammed Omer, testemunha ocular das atrocidades cometidas na Operação Margem Protetora, última ofensiva israelense que devastou a Faixa de Gaza, deixando ao final de sete semanas de hostilidade 2.200 palestinos mortos — com uma taxa histórica de 77% mortes entre civis e 536 crianças assassinadas. Além da carnificina realizada sob as vistas grossas da comunidade internacional, os bombardeios deixaram um rastro de destruição, atingindo hospitais, abrigos e escolas — duas delas protegidas pela ONU —, ferindo mais de 10 mil palestinos.

Nas páginas do livro, Omer narra o terror daqueles dias: cadáveres são conservados como vegetais em geladeiras desligadas por falta de energia elétrica; famílias correm para fora de seus apartamentos depois de serem informadas por telefone que o F-16 israelense destruiria o edifício nos próximos três minutos; jovens fardados descarregam suas metralhadoras contra tudo que se move, com o aval de seus superiores; drones passam zunindo no céu e cemitérios são alvejados por mísseis para que a população não encontre seus familiares enterrados.

A verve de sua crônica é considerada o equivalente literário das 82 gravuras de Os Desastres da Guerra, ilustrada pelo pintor Francisco Goya. Ao longo do caos, o jovem jornalista mantém o frio distanciamento do repórter profissional, determinado a registrar com precisão o que está ocorrendo ao seu redor. Este não é apenas mais um livro sobre o sofrimento dos palestinos, é um relato de sobrevivência excepcionalmente bem escrito.

Do rio ao mar: entrevistas, artigos e ensaios para uma Palestina livre
Caue Seignemartin Ameni (Org.)

Uma intervenção editorial urgente, com entrevistas, artigos e ensaios de Ilan Pappe, Albert Einstein, Bruno Huberman, Gercyane Oliveira, Hugo Albuquerque, Eli Gozansky, Ussama Makdisi, Lena Obermaier, Richard Seymour, Helen Lackner, Ronan Burtenshaw, Julian Sayarer e Ben Jama.

Nos últimos meses, quando este material estava sendo publicado, Israel continuava cometendo um verdadeiro genocídio em Gaza. As autoridades israelenses têm repetidamente deixado claras as suas intenções nesse sentido; falando de punição coletiva, assassinato em massa e limpeza étnica em jornais, em conferências de imprensa e na televisão. Embora as potenciais ocidentais tenham apoiado as condenações desse massacre, ao mesmo tempo que não tomaram qualquer ação concreta, milhões de pessoas em todo o mundo saíram às ruas para denunciar a sua cumplicidade, para exigir um cessar-fogo e uma Palestina livre.

O ebook "Do Rio ao Mar" fornece histórias e análises cruciais para nos ajudar a compreender como chegámos ao presente pesadelo na Terra Santa. Elas situam a campanha genocida de Israel na história mais longa do colonialismo na Palestina e o Hamas na história mais longa da resistência e do chamado "processo de paz".

Tomados em conjunto, os textos que compõem esta coleção fornecem uma base importante para as discussões urgentes que ocorrem em todo o movimento de solidariedade com a Palestina.

Para ler o ebook basta ser assinante da Jacobina e acessar no seu login a página de download no site ou fazer a assinatura de algum de nossos planos para receber o ebook.

Para adquirir o ebook no site da Autonomia Literária, basta colocá-lo em algum pedido.

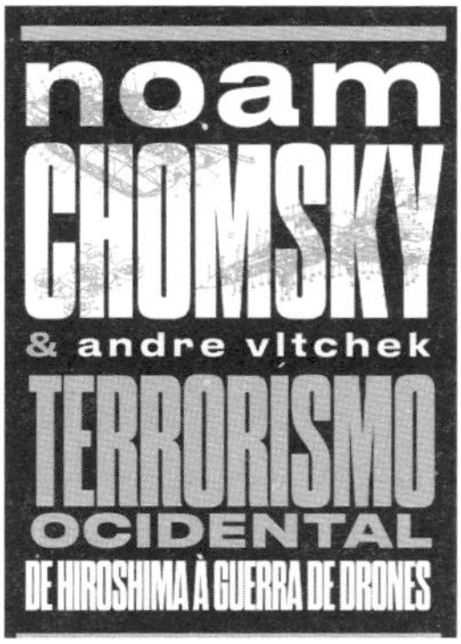

Terrorismo ocidental:
de Hiroshima à guerra de drones
Noam Chomsky e Andre Vltchek

Admirado por alguns, condenado por outros e temido por todos – o poderio militar do Ocidente é inegavelmente colossal. Em Terrorismo ocidental, o intelectual de renome mundial Noam Chomsky discute o poder e a propaganda do Ocidente com o cineasta e jornalista investigativo Andre Vltchek. O livro oferece a introdução perfeita ao pensamento político de Chomsky com uma abordagem acessível para quem deseja compreender melhor o importante papel do Ocidente no mundo, em um momento no qual a tragédia do Afeganistão nos faz lembrar as consequências aterrorizantes do imperialismo.

Começando com histórias sobre as bancas de jornais de Nova York, onde Chomsky começou sua educação política quando adolescente, a discussão se amplia para abordar o colonialismo, o controle imperial, a propaganda, a Primavera Árabe e a guerra de drones. Chomsky e Vltchek formulam uma crítica poderosa do legado do colonialismo em muitos países, como Síria, Nicarágua, Cuba, China, Chile e Turquia.

Atualizado com um novo prefácio de Chomsky, Terrorismo ocidental continua a ser uma crítica influente e poderosa do papel do Ocidente no mundo, inspirando todos os que o lêem a pensar de forma independente e crítica.